AF460725

TABLE CHRONOLOGIQUE

DES

DOCUMENTS PERMANENTS ET SEMI-PERMANENTS

DES MINISTÈRES DE LA GUERRE, DES PENSIONS, PRIMES ET ALLOCATIONS DE GUERRE ET DE LA PARTIE ANNEXE

pour l'année 1923 (1).

TROISIÈME VOLUME (2).

(Nos 27 à 39).

DATE.			SOMMAIRE.	Page.	Classement.
			Année 1922.		
6	avril	1922.	Notification de décorations coloniales..........	1655	S.-P.
18	mai	1922.	Décret relatif à la législation des pensions de marins des divers corps indigènes de l'armée de mer, modifié conformément aux prescriptions du décret du 24 août 1923..............	2516	S.-P.
18	—		Décret relatif à la législation des ayants cause de marins de divers corps indigènes..........	2510	S.-P.
28	août	1922.	Instruction déterminant les services de la musique de la garde républicaine, réglant son emploi et le concours que cette musique et ses musiciens peuvent prêter collectivement ou individuellement à des œuvres civiles, fêtes et autres solennités.	2467	S.-P.
28	nov.	1922.	Notice relative à l'installation des dépôts de carburants et ingrédients pour les véhicules automobiles et les avions.	2027	P.
6	déc.	1922.	Notification de décorations coloniales..........	1655	S.-P.
6	—		Notification de décorations coloniales..........	2413	S.-P.

(1) Les sommaires en *lettres italiques* se rapportent à des documents *exclusivement applicables aux troupes coloniales.*

(2) Les rubriques qui intéressent le ministère des pensions, primes et allocations de guerre sont suivies du nom de ce ministère.

Les rubriques qui intéressent la partie annexe sont suivies du nom de cette partie

DATE.			SOMMAIRE.	Page.	Classement.
			Année 1923.		
9	janvier	1923.	Notification de décorations coloniales........ ..	1655	S.-P.
9	—		Notification de décorations coloniales........ ..	2413	S.-P.
16	—		Description du harnachement des chevaux des officiers généraux et assimilés et des officiers montés de toutes armes et des différents services.	1695	P.
6	mars	1923.	Notification de décorations coloniales..... ..	1655	S.-P.
6	—		Notification de décorations coloniales..........	2413	S.-P.
6	avril	1923.	Notification de décorations coloniales..........	1655	S.-P.
6	—		Notification de décorations coloniales..........	2413	S.-P.
13	—		Décret portant autorisation d'acceptation d'une donation de 3.000 francs de rente française faite par M. Pascal en faveur du Prytanée militaire de La Flèche.	2177	P.
13	—		Instruction pour l'application du décret du 13 avril 1923 portant autorisation d'acceptation d'une donation de 3.000 francs de rente française faite par M. Pascal en faveur du Prytanée militaire.	2178	P.
2	mai	1923.	Notification de décorations coloniales..........	2413	S.-P.
3	—		Circulaire réglementant la tenue de l'aéronautique militaire (officiers et hommes de troupe).	1664	P.
14	—		Circulaire relative au modèle réglementaire des messages lestés à utiliser dans les formations de l'aviation militaire.	1674	P.
26	—		Circulaire relative aux pelotons préparatoires aux pelotons d'élèves officiers de réserve d'artillerie.	1675	S.-P.
29	—		Circulaire portant instructions pour les adjudications de fourniture et de fabrication du pain de troupe à faire à l'intérieur, en Algérie et en Tunisie (mentionnée).	1746	S.-P.
30	—		Notification de décorations coloniales..........	2413	S.-P.
5	juin	1923.	Décret portant réorganisation de la commission de réseau constituée pour les chemins de fer de grande et petite ceinture..........................	1695	P.
5	—		Décret portant réorganisation de la commission de réseau pour les réseaux secondaires d'intérêt général et les voies ferrées d'intérêt local, tramways urbains compris.	1697	P.

DATE.			SOMMAIRE.	Page.	Classement.
			Année 1923 (*suite*).		
12	juin	1923.	Notification d'un avis, en date du 27 mars 1923, de la section des finances de la guerre, de la marine et des colonies du Conseil d'Etat sur la question de savoir si les officiers en non-activité depuis plus de trois ans peuvent être mis en réforme.	1676	P.
13	—		Circulaire portant instructions pour le renouvellement des marchés d'entreprise de fourniture des fourrages à la ration, à l'intérieur du territoire (mentionnée).	2147	S.-P.
13	—		Instruction provisoire sur les exercices et la manœuvre de la cavalerie (Principes généraux des évolutions. Ecole du groupe de combat, école de peloton (mentionnée).	2179	S.-P.
14	—		Additif à l'instruction du 11 juillet 1913 sur le service de l'armement.	1677	P.
14	—		Loi portant déclassement de l'enceinte de Saint-Malo.	1698	P.
15	—		3e additif à la circulaire du 2 septembre 1920 concernant les conditions techniques de sécurité et le service de sécurité des champs de tir.	1684	P.
15	—		Décret portant règlement d'administration publique sur la comptabilité des dépenses engagées.	1699	P.
16	—		Circulaire relative au remplacement et au quadrillage du papier des planchettes topographiques et des planchettes de tir en temps de paix	1901	P.
18	—		Circulaire autorisant les militaires de l'armée active à faire partie de l'Association « les Anciens de la 121e division ».	1685	P.
18	—		Circulaire relative aux emplois de professeurs dans les écoles militaires.	1685	S.-P.
18	—		Additif à l'arrêté du 8 juin 1914 fixant les conditions et le programme d'examen pour le recrutement des agents chimistes et techniques et des sous-agents techniques du corps militaire des poudres (en dehors des anciens militaires classés pour un emploi réservé).	1689	P.
19	—		Décision rattachant directement à la 7e légion la gendarmerie du territoire de Belfort.	1689	S.-P.
19	—		Rectificatif à l'instruction du 24 décembre 1920 pour l'application du décret du 18 août 1920 portant réorganisation des établissements et des commandements de l'artillerie.	1690	P.
19	—		Décret accordant une remise gracieuse de dettes à d'anciens ouvriers de l'atelier de construction de Douai.	1704	S. P.

DATE.	SOMMAIRE.	Page.	Classement.
	Année 1923 (*suite*).		
20 juin 1923	Additif aux modifications du 28 décembre 1922 (*Bulletin officiel*, page 3746) à l'article 34 de l'instruction du 19 juillet 1902 sur le service intérieur de l'école militaire préparatoire de l'artillerie et du génie.	1691	P.
20 —	Additif aux modifications du 28 décembre 1922 (*Bulletin officiel*, page 3745) à l'article 34 de l'instruction du 21 octobre 1901 sur le service intérieur des écoles militaires préparatoires d'infanterie.	1692	P.
20 —	Additif aux modifications du 28 décembre 1922 (*Bulletin officiel*, page 3744) à l'article 35 de l'instruction du 30 décembre 1901 sur le service intérieur de l'Ecole militaire préparatoire de cavalerie.	1692	P.
20 —	Rectificatif à l'instruction du 29 décembre 1922 (*Bulletin officiel*, page 3747), pour l'admission au Prytanée militaire.	1693	P.
20 —	Circulaire relative aux cessions de denrées à titre remboursable, par les établissements du service des subsistances militaires.	1693	S.-P.
20 —	Décret portant réorganisation du corps des interprètes militaires de complément.	1705	P.
20 —	Décret relatif à la constitution initiale des cadres d'officiers des réserves de l'arme de l'aéronautique.	1709	S.-P.
20 —	Décret portant modifications au décret du 19 août 1920, instituant une indemnité pour charges militaires en faveur des officiers et des militaires de carrière à solde mensuelle.	1711	P.
20 —	Citations au *Bulletin officiel*.	1753	S.-P.
20 —	Lettres de félicitations avec citation au *Bulletin officiel*.	1753	S.-P.
20 —	Circulaire relative à la tenue des officiers d'administration et des adjudants d'administration d'aéronautique.	1754	P.
20 —	Instruction relative aux tenues des officiers et aux paquetages de leurs chevaux.	2042	S.-P.
21 —	Circulaire relative à la remise des livrets à coupons aux militaires en activité de service titulaires de la Légion d'honneur ou de la médaille militaire.	1713	P.
21 —	Additif à la notice n° 2 du 21 avril 1919 annexée au règlement sur le service de santé de l'armée à l'intérieur.	1715	P.

DATE.			SOMMAIRE.	Page.	Classement.
			Année 1923 (*suite*).		
21	juin	1923.	Circulaire relative au dépôt au Trésor des fonds remis aux officiers gestionnaires du service de santé par les militaires admis dans les hôpitaux militaires.	2042	P.
21	—		*Décret au sujet de la réglementation des frais de justice et des frais fixes de procédure devant les conseils de guerre de l'armée de terre séant aux colonies*	2044	P.
22	—		Décret modifiant le décret du 22 septembre 1882 réorganisant sur de nouvelles bases le corps militaire des douanes.	1755	P.
23	—		Additif au modèle n° 1 de l'instruction du 27 octobre 1902 sur la remonte générale à l'intérieur.	1716	P.
23	—		Instruction concernant le fonctionnement de la division d'entraînement aérien de Villacoublay.	1720	P.
25	—		Circulaire relative aux candidats élèves officiers d'administration de réserve des services de l'intendance et de santé des troupes coloniales.	1728	S.-P.
25	—		Circulaire relative à l'application du décret et de l'instruction du 20 juillet 1922, aux ordonnances et aux montures des officiers de cavalerie sans troupe.	1729	P.
25	—		Additif à l'instruction du 6 mars 1922 (*Bulletin officiel*, page 880) pour l'application de l'arrêté du même jour relatif à l'organisation des examens médicaux du personnel navigant de l'aéronautique militaire.	1730	S.-P.
25	—		Rectificatif à l'instruction du 20 mai 1922 (*Bulletin officiel*, page 1639), relative aux engagements et rengagements dans l'aéronautique.	1731	P.
26	—		Additif à l'instruction du 21 décembre 1921 (*Bulletin officiel* de 1922, page 76) sur les courses et cross-country.	1732	P.
26	—		Loi autorisant les bénéficiaires de la loi du 18 juillet 1922 à invoquer les dispositions des articles 58, 59 et 60 de la loi du 31 mars 1919 sur les pensions (ministère des pensions).	2143	S.-P.
27	—		Circulaire autorisant les militaires de l'armée active ayant fait campagne avec les 75ᵉ et 275ᵉ régiments d'infanterie, à faire partie de la « Société amicale des anciens militaires et anciens combattants des 75ᵉ et 275ᵉ régiments d'infanterie ».	1733	P.

DATE.	SOMMAIRE.	Page.	Classement.
	Année 1923 (*suite*).		
27 juin 1923.	Décret modifiant les dispositions transitoires de l'article 47 du décret du 20 mai 1903, relatives à l'admission dans la gendarmerie d'officiers supérieurs en surnombre dans les corps de troupe	1734	P.
27 —	Circulaire fixant les allocations d'eau pour le lavage des véhicules automobiles en service normal dans les corps de troupe	1736	P.
27 —	Circulaire relative aux achats d'avoine dans la métropole pendant la campagne 1923-1924	1737	S.-P.
27 —	Circulaire relative au transfert de Dugny à Villacoublay, de l'entrepôt spécial d'aviation n° 1 et de la 1re section du 1er groupe d'ouvriers d'aviation	1738	S.-P.
27 —	Circulaire relative à la suppression de la prison militaire de Limoges	1759	P.
27 —	Circulaire relative à la contexture de l'état modèle 39-40 annexé à l'instruction du 20 juin 1910 relative aux hommes de troupe de la disponibilité et des réserves	1760	P.
27 —	Notification d'une circulaire du Ministre des travaux publics modifiant l'état A annexé à l'arrêté du Ministre des travaux publics du 9 mai 1903 relatif aux conditions de transport des militaires ou marins voyageant en corps ou isolément	1903	P.
27 —	Instruction pour l'application de l'arrêté du 15 mai 1923 relatif à la constatation des services aériens commandés et aux règles d'allocation des indemnités spéciales de service aéronautique	2263	P.
27 —	Programme des connaissances exigées pour l'obtention du certificat d'aptitude à l'emploi de chef de section dans l'artillerie	2474	S.-P.
28 —	Instruction provisoire relative au recrutement des interprètes militaires de complément parmi les militaires du service actif, et à leur affectation	1739	P.
28 —	Rectificatif à l'annexe à l'instruction du 19 août 1920 portant classement des places pour l'allocation de l'indemnité pour charges militaires	1744	P.
28 —	Décret portant modification au décret du 6 novembre 1919 (*Bulletin officiel*, page 3632) modifiant l'organisation des établissements constructeurs de l'artillerie	1817	S.-P.

DATE.	SOMMAIRE.	Page.	Classement.
	Année 1923 (*suite*).		
29 juin 1923.	Additif à la circulaire du 4 août 1922 (*Bulletin officiel*, page 2397) fixant la liste et le prix des documents d'ordre général à utiliser pour l'instruction et indiquant les différents modes de cession de ces documents..........	1764	P.
29 —	Loi portant ouverture et annulation de crédit sur l'exercice 1923 en vue de permettre l'application de mesures prises pour assurer l'exécution par l'Allemagne du traité de Versailles..	1766	S.-P.
29 —	Décret modifiant l'article 138 du décret du 5 décembre 1902 (retenues à opérer sur la solde des militaires de la gendarmerie dont la masse est appelée à être en débet)...............	1767	P.
29 —	Rectificatif à la circulaire du 3 octobre 1921 portant réorganisation de la commission d'expériences du matériel automobile............	1769	P.
30 —	Loi relative au report de crédits de l'exercice 1922 à l'exercice 1923....................	1774	S.-P.
30 —	Modifications à l'instruction du 25 mars 1907 sur le service du couchage et de l'ameublement dans les troupes métropolitaines..............	1747	P.
30 —	Extrait de la loi portant fixation du budget général de l'exercice 1923....................	2047	S.-P.
30 —	Modification au tarif des confections, retouches et réparations des effets du service de l'habillement..	1746	P.
30 —	Modification au cahier des charges communes du 1er septembre 1922 (modifié le 27 novembre 1922) pour la fourniture des toiles de coton nécessaires au service de l'habillement.........	1748	S.-P.
30 —	Rectificatif à la modification à la description des uniformes de la gendarmerie.....................	1749	P.
30 —	Notification concernant l'abrogation de la circulaire relative à la cession aux maîtres ouvriers d'accessoires pour la réparation des casques métalliques..................................	1750	S.-P.
30 —	Loi portant ouverture sur l'exercice 1923 de crédits provisoires au titre du budget spécial des dépenses recouvrables en exécution des traités de paix et applicables au mois de juillet 1923..	1772	S.-P.
30 —	Récompenses accordées au titre de l'éducation physique et la préparation au service militaire pendant le 1er semestre 1923, à l'occasion des fêtes sportives présidées par un membre du gouvernement..................................	1870	S.-P.

DATE.	SOMMAIRE.	Page.	Classement.
	Année 1923 (*suite*).		
30 juin 1923.	Loi portant : 1° ouverture et annulation de crédits sur l'exercice 1922 au titre du budget général; 2° ouverture de crédits sur l'exercice 1922 au titre du budget spécial des dépenses recouvrables en exécution des traités de paix.	1778	S.-P.
1er juillet 1923.	Additif à la circulaire du 3 mai 1923 (*Bulletin officiel*, page 1664) réglementant la tenue de l'aéronautique militaire (officiers et hommes de troupe)	1782	P.
1er —	Arrêté interministériel relatif à l'aide que les pilotes militaires de la guerre et de la marine en cours de voyages aériens peuvent recevoir dans les formations d'aviation de la marine et de la guerre	1818	P.
1er —	Circulaire portant notification de la liste pour le deuxième semestre de 1923 des communes des régions dévastées pour lesquelles des indemnités spéciales sont accordées aux fonctionnaires qui y résident	2061	S.-P.
2 —	Rectificatif à l'instruction du 2 mars 1921 (*Bulletin officiel*, page 838) au sujet de l'établissement des listes de tour de départ individuel pour les T. O. E. des militaires appelés de tous grades et tous emplois incorporés à partir du 1er avril 1923	1783	S.-P.
3 —	Rectificatif à la circulaire du 1er septembre 1922 (*Bulletin officiel*, page 2922) relative aux états nominatifs mensuels des officiers et employés militaires de l'aéronautique militaire	1787	P.
4 —	Feuille de renseignements au sujet de l'application de la circulaire du 9 mai 1923, n° 4776 1/11, relative au maintien en service des militaires commissionnés	1788	P.
4 —	3e rectificatif à l'instruction du 26 décembre 1921 (*Bulletin officiel*, page 4117) pour le classement des véhicules automobiles susceptibles d'être réquisitionnés pour les besoins de l'armée	1738	P.
4 —	Rectificatif à la circulaire du 11 janvier 1922 concernant les réparations à effectuer aux pneumatiques et bandages en mauvais état	1790	P.
4 —	Rectificatif à la circulaire du 29 mars 1922, concernant les vieux bandages et pneumatiques pour automobiles susceptibles d'être compris dans des marchés par conversion à passer périodiquement par le magasin central automobile	1791	P.

DATE.	SOMMAIRE.	Page.	Classement
	Année 1923 (*suite*).		
4 juillet 1923.	Additif à la circulaire du 25 novembre 1921 (*Bulletin officiel*, page 3901) relative à l'avancement des hommes de troupe de l'aéronautique militaire.	1792	P.
4 —	*Circulaire relative aux engagements, rengagements et commissions dans les troupes coloniales* (*application de la loi du* 1er *avril* 1923).	1793	P.
4 —	Décret portant modification du décret du 13 avril 1923 (*Bulletin officiel*, page 1090) relatif à l'attribution de la médaille commémorative de Syrie-Cilicie.	1821	P.
5 —	Tarif de remboursement des denrées et matières du service des subsistances militaires à appliquer pendant le 2e semestre 1923.	1807	S.-P.
5 —	Modifications aux articles 91 et 93 de l'instruction du 19 décembre 1900 (modifiée le 5 juillet 1921) sur le service des remontes et des haras en Algérie et en Tunisie.	1815	P.
5 —	Tarif complémentaire de remboursement des denrées et matières du service des subsistances militaires à appliquer pendant le 2e semestre 1923, comprenant les primes globales d'alimentation et les primes spéciales pour les vivres de débarquement et les vivres de chemin de fer.	1802	S.-P.
6 —	Lettres de félicitations avec citation au *Bulletin officiel* adressées à des officiers.	1822	S.-P.
6 —	Circulaire relative à la durée du congé d'allaitement accordé au personnel féminin des établissements, états-majors, corps et services de la guerre.	1816	P.
6 —	Circulaire autorisant les militaires de carrière de l'armée active, à faire partie de l'Association amicale des anciens infirmiers de la 19e section.	1823	P.
6 —	Décret fixant les conditions de classement dans le corps d'officiers d'administration de l'aéronautique des officiers d'administration actuellement dans la position « hors cadres aéronautique ».	1823	P.
9 —	Circulaire relative à la différenciation des avions aux manœuvres à double action.	1827	P.
10 —	Instruction réglant le mode d'attribution des congés et permissions prévus par l'article 45 de la loi du 1er avril 1923 sur le recrutement de l'armée.	1828	P.

DATE.	SOMMAIRE.	Page.	Classement.
	Année 1923 (*suite*).		
10 juillet 1923.	Circulaire relative à la conduite des voitures automobiles par les officiers de gendarmerie.	1839	P.
10 —	Rectificatif à l'instruction particulière du 4 mars 1921 (*Bulletin officiel*, page 883) relative à l'application au personnel du génie de l'instruction du 2 mars 1921 concernant la relève individuelle des militaires français des troupes métropolitaines en service sur les théâtres d'opérations extérieurs.	1839	S.-P.
10 —	Additif à la feuille de renseignements du 14 avril 1921 (*Bulletin officiel*, page 1483) portant réponse à diverses questions posées au sujet de la remonte des officiers (application du décret du 2 décembre 1920).	1904	P.
11 —	Circulaire relative à l'application de l'article 7, deuxième alinéa, de la loi du 17 décembre 1921, et de l'article 21, paragraphe 4, de la loi du 1er avril 1923 sur le recrutement de l'armée.	1842	S.-P.
11 —	Circulaire relative à la situation des insoumis qui, mis en subsistance dans un corps de troupe, s'enfuient au cours de l'information judiciaire.	2090	P.
11 —	Décret portant règlement d'administration publique pour l'application de la loi du 17 avril 1923 étendant le bénéfice des lois françaises sur les pensions militaires d'invalidité aux anciens militaires ayant acquis droit à pension d'invalidité dans les rangs de l'armée allemande au cours de la guerre 1914-1918 et devenus Français par application du traité de Versailles et à leurs ayants droit (ministère des pensions).	1844	S.-P.
12 —	Circulaire réglementant la tenue des adjudants-chefs, adjudants et assimilés.	1843	P.
12 —	Instruction interministérielle relative à l'application du décret du 11 juillet 1923 portant règlement d'administration publique pour l'application de la loi du 17 avril 1923 accordant des pensions d'invalidité aux anciens militaires ayant acquis droit à pension d'invalidité dans les rangs de l'armée allemande et devenus Français par application du traité de Versailles (ministère des pnsions).	1850	S.-P.
12 —	Rectificatif à la circulaire du 29 juin 1922 (*Bulletin officiel*, page 2080) portant organisation de la commission d'études pratiques de défense contre aéronefs.	1904	P.

DATE.	SOMMAIRE.	Page.	Classement.
	Année 1923 (*suite*).		
13 juillet 1923.	Rectificatif à l'instruction du 2 mars 1921 (*Bulletin officiel*, page 838) concernant la relève individuelle des militaires français des troupes métropolitaines en service sur les théâtres d'opérations extérieurs.	1905	S.-P.
13 —	Circulaire autorisant les militaires de l'armée active originaires de l'Ariège, à faire partie de la « Société amicale des Ariégeois de Bordeaux ».	1905	P.
13 —	Notification relative à l'acheminement de la correspondance destinée aux établissements de l'intendance de Billancourt (Seine).	1907	S.-P.
13 —	Décret modifiant l'article 1er du décret du 10 août 1899 sur les conditions du travail dans les marchés passés au nom de l'Etat, en ce qui concerne les allocations familiales.	2280	P.
13 —	Loi permettant aux pensionnés militaires de la guerre et de la marine de résider à l'étranger sans autorisation (ministère des pensions).	2022	P.
13 —	Loi complétant l'article 71 de la loi du 31 mars 1919 sur les pensions d'invalidité (ministère des pensions).	2023	S.-P.
13 —	Loi étendant aux engagés volontaires âgés de moins de 14 ans et aux mineurs de 18 ans non incorporés qui ont, pendant la guerre de 1870-1871, accompli un acte de courage civique, le droit du port de la médaille commémorative avec agrafe instituée par la loi du 9 novembre 1911, modifiée par la loi du 27 mars 1912.	2092	P.
13 —	*Instruction interministérielle pour l'application du décret du 8 avril 1923, sur le recrutement des troupes indigènes en Indo-Chine*.	2093	P.
13 —	Circulaire relative aux tarifs de remboursement des analyses bactériologiques ou chimiques. .	2147	P.
13 —	Décret portant règlement d'administration publique pris en exécution de la loi du 30 janvier 1923, réservant des emplois aux anciens militaires pensionnés pour infirmités de guerre ainsi qu'aux veuves, orphelins de guerre et aux victimes civiles de la guerre (ministère des pensions).	2523	P.
16 —	Circulaire autorisant les militaires de l'armée active à faire partie de la « Société des anciens et amis du 401e régiment d'infanterie».	1907	P.

DATE.	SOMMAIRE.	Page.	Classement.
	Année 1923 (*suite*).		
16 juillet 1923.	Circulaire autorisant les maréchaux, généraux et officiers en activité de service à faire partie du « Comité de l'ossuaire du monument de la Grurie ».	1908	P.
16 —	Arrêté relatif à la formation de la classe 1924.	1908	S.-P.
16 —	Circulaire modifiant la feuille de renseignements n° 2, portant réponse à diverses questions posées au sujet de la remonte des officiers (application du décret du 2 novembre 1920).	1911	P.
16 —	Circulaire relative à la solde des sous-lieutenants provenant des militaires de la classe 1920 ayant contracté l'engagement spécial prévu par la circulaire du 28 avril 1920.	1911	S.-P.
16 —	Tarif de remboursement des carburants pétrole, lubrifiants pour automobiles et avions, glycérine et carbure de calcium applicable à partir du 1er août 1923.	1912	S.-P.
16 —	Arrêté réglant le fonctionnement du service de la télégraphie militaire.	2096	P.
16 —	Instruction fixant les attributions du général commandant supérieur des troupes et services de transmission et du général commandant la brigade de télégraphistes.	2098	P.
16 —	1er rectificatif à l'instruction provisoire du 15 avril 1923 sur l'organisation et le fonctionnement du service du matériel technique dans les formations de l'aviation militaire (mentionné).	2148	S.-P.
17 —	Circulaire relative aux offres d'emploi destinées aux militaires libérables.	1959	P.
17 —	Circulaire suspendant provisoirement la mise en application des dispositions contenues dans le volume 54 *ter* sur le harnachement des chevaux des officiers généraux et assimilés.	1960	S.-P.
17 —	Circulaire relative à l'application du décret du 11 juillet 1923 et de l'instruction du 12 juillet 1923 (*Bulletin officiel*, page 1850) pour l'application de la loi du 17 avril 1923, accordant des pensions d'invalidité aux anciens militaires ayant acquis droit à pension d'invalidité dans les rangs de l'armée allemande et devenus français par application du traité de Versailles (ministère des pensions).	2024	S.-P.
17 —	Décret relatif à l'exercice par les militaires commissionnés du droit de démission.	2100	P.

DATE.	SOMMAIRE.	Page.	Classement.
	Année 1923 (*suite*).		
17 juillet 1923.	Circulaire relative à l'organisation de la commission d'études pratiques de tir d'artillerie de campagne.	2103	P.
17 —	Décret déclassant la place de Saint-Jean-Pied-de-Port.	2939	P.
17 —	Lettres de félicitations avec citation au *Bulletin officiel*.	1959	S.-P.
17 —	Rectificatif à la circulaire du 5 avril 1922 (*Bulletin officiel*, page 1115) relative à l'entraînement aérien du personnel navigant de l'aviation et de l'aérostation, de l'armée active, qui ne se trouve pas à proximité immédiate de formations d'aviation ou d'aérostation disposant de moyens d'entraînement.	1961	P.
17 —	Circulaire relative à l'établissement du tableau d'avancement de 1924 (armée active et réserves).	1915	S.-P.
18 —	Extrait de la loi du 18 juillet 1923, portant fixation du budget spécial, pour l'exercice 1923, des dépenses recouvrables en exécution des traités de paix.	2012	S.-P.
18 —	Instruction modifiant celle du 2 mai 1914 en ce qui concerne l'établissement des tableaux de concours de la Légion d'honneur et de la médaille militaire.	1962	P.
18 —	*Circulaire portant modifications à l'article 89 de l'instruction provisoire du 10 décembre 1913 (non insérée) sur l'organisation et le fonctionnement des magasins administratifs des troupes coloniales stationnées en France.*	2014	S.-P.
18 —	Rectificatif à l'instruction du 18 juillet 1923, modifiant celle du 2 mai 1914, en ce qui concerne l'établissement des tableaux de concours de la Légion d'honneur et de la médaille militaire.	2417	P.
18 —	Décret modifiant l'article 347 du décret du 24 janvier 1921 (*Bulletin officiel*, page 1098) portant règlement sur le service intérieur de la garde républicaine.	2148	P.
19 —	*Rectificatif aux articles 4 et 5 de l'instruction du 22 février 1922* (Bulletin officiel, *page 611*) *sur la préparation des candidats des troupes coloniales aux écoles des sous-officiers élèves officiers.*	2015	P.

DATE.	SOMMAIRE.	Page.	Classement.
	Année 1923 (*suite*).		
20 juillet 1923.	Décision fixant le mode de paiement des frais d'hospitalisation des élèves du Prytanée militaire admis dans les hôpitaux militaires.....	2105	P.
20 —	Circulaire relative à l'application de la semaine anglaise au personnel civil, régi par l'instruction du 1er décembre 1916, employé dans les états-majors, corps et services de la guerre et des pensions..........	2018	S.-P.
20 —	Circulaire portant modifications à l'article 106 de l'instruction du 2 février 1909 relative aux officiers et assimilés de complément.........	2020	P.
20 —	Additif à la circulaire du 4 août 1922 (*Bulletin officiel*, page 2397), fixant la liste et le prix des documents d'ordre général à utiliser pour l'instruction en indiquant les différents modes de cession de ces documents.........	2020	P.
20 —	Rectificatif à l'instruction provisoire du 7 juillet 1921 (*Bulletin officiel*, page 2429) sur l'organisation et le fonctionnement du service de la télégraphie militaire en Algérie et en Tunisie...	2105	P.
20 —	Instruction sur la manière de vérifier les épaisseurs des cuirs..........	2484	P.
23 —	Rectificatif à l'instruction du 2 mars 1921 (*Bulletin officiel*, page 838) au sujet de la relève individuelle des militaires français des troupes métropolitaines en service sur les théâtres d'opérations extérieurs..........	2107	S.-P.
23 —	Rectificatif n° I au cahier des charges communes du 23 février 1923, (mentionné au *Bulletin officiel*, page 609) pour la fourniture, aux divers services du département de la guerre, de la graisse consistante destinée au graissage et à l'entretien du matériel automobile et du matériel d'artillerie..........	2109	S.-P.
23 —	Circulaire au sujet de l'extension des fonctions des médecins assistant les conseils de revision.	2110	S.-P.
23 —	Circulaire fixant les modalités d'application du paragraphe 3 de la circulaire n° 079/Ad du 4 mai 1923 (ministère des pensions)..........	2144	S.-P.
23 —	Circulaire relative à l'attribution, à titre exceptionnel, au personnel civil soumis à l'instruction du 1er décembre 1916, de congés de repos ou de convalescence ou de congés pour aller à la campagne, à la mer ou à la montagne...	2106	S.-P.
23 —	Lettres de félicitations avec citation au *Bulletin officiel*..........	2150	S.-P.

DATE.			SOMMAIRE.	Page.	Classement.
			Année 1923 (*suite*).		
24	juillet	1923.	Circulaire autorisant les officiers de l'armée active à participer aux concours organisés par l'Académie de marine.	2117	S.-P.
24	—		Circulaire modifiant la feuille de renseignements du 14 avril 1921 (*Bulletin officiel*, page 1483), portant réponse à diverses questions posées au sujet de la remonte des officiers (application du décret du 2 novembre 1920)	2119	P.
24	—		Notification d'une instruction du Ministre des finances relative aux cessions aux gouvernements étrangers.	2179	S.-P.
25	—		Circulaire prescrivant l'application aux hommes visés par les articles 4 et 5 de la loi sur le recrutement de l'armée, incarcérés sous prévention d'insoumission, des dispositions de la circulaire n° 30407 2/1 du 23 octobre 1918 (*Bulletin officiel*, page 3130).	2119	S.-P.
25	—		Circulaire réglementant l'attribution des augmentations individuelles de salaires aux ouvriers et ouvrières des établissements constructeurs de l'artillerie.	2120	P.
25	—		Circulaire relative aux divers modes de travail employés dans les établissements constructeurs du service de l'artillerie, ainsi qu'aux règles de salaires à appliquer pour le travail au devis.	2122	P.
25	—		Rectificatif à la circulaire du 8 novembre 1922 (*Bulletin officiel*, page 3586), relative aux dispositions à prendre en cas d'accidents d'aviation (aviation militaire).	2130	P.
25	—		Circulaire apportant des modifications dans la nomenclature des pièces entrant dans la constitution de certain dossier de pension (ministère des pensions).	2146	P.
26	—		Modifications à l'article 98 de l'instruction du 10 février 1908 sur le service courant.	2131	P.
26	—		Modifications à l'instruction du 8 juin 1911, relative à l'établissement et à la tenue à jour des registres et livrets matricules et aux inscriptions à porter sur les registres et livrets ainsi que sur les certificats et relevés de service, en ce qui concerne l'inscription des bonifications de durée de service pour services aériens commandés.	2133	P.

DATE.	SOMMAIRE.	Page.	Classement.
	Année 1923 (*suite*).		
26 juillet 1923.	Inscription de la « Revue de zootechnie », sur la liste des ouvrages facultatifs pour les bibliothèques vétérinaires des corps de troupe, écoles, ou établissements de remonte.	2136	P.
26 —	Feuille de renseignements au sujet du tableau I d'emploi à maintien prolongé.	2136	P.
26 —	Loi prorogeant le délai accordé aux victimes civiles de la guerre ou à leurs ayants droit en vue de se mettre en instance de pension (ministère des pensions).	2176	S.-P.
26 —	Instruction relative aux changements de classe de mobilisation des militaires des réserves par application de l'article 58 de la loi du 1er avril 1923.	2185	P.
26 —	Loi concernant la cession à la ville de Longwy des immeubles provenant de la fortification déclassée de la place........................	2940	S.-P.
27 —	Instruction relative aux mesures à prendre pour la constatation des pertes et avaries du matériel du service militaire des chemins de fer, mis à la disposition des corps de troupes pour les transports par voie ferrée.	2137	P.
27 —	Circulaire portant modification au tarif de réparations d'ustensiles de campement.	2139	P.
27 —	Circulaire relative aux archives de la classe 1895.	2139	S.-P.
27 —	Circulaire relative à l'organisation et à la composition du cours pratique de tir d'artillerie de campagne et d'artillerie lourde............	2150	P.
28 —	Circulaire portant fixation des prix des animaux de réquisition.	2141	P.
30 —	Arrêté portant attribution de la croix de guerre des théâtres d'opérations extérieurs..........	2154	P.
30 —	Feuille de renseignements portant solution de questions concernant les engagements, rengagements et commissions dans les troupes métropolitaines.	2155	S.-P.
30 —	Circulaire au sujet de l'emploi des véhicules automobiles de l'aéronautique affectés pour le fonctionnement normal des formations de l'aéronautique.	2159	P.
30 —	Lettres de félicitations avec citation au *Bulletin officiel*.	2190	S.-P.

DATE.			SOMMAIRE.	Page.	Classement.
			Année 1923 (*suite*).		
31	juillet	1923.	Rectificatif à l'instruction modifiant celle du 2 mai 1914 en ce qui concerne l'établissement des tableaux de concours de la Légion d'honneur et de la médaille militaire............	2161	P.
31	—		Circulaire portant création d'une division d'escrime à l'école militaire préparatoire d'Autun.	2162	P.
31	—		Circulaire pour l'application de l'instruction du 31 janvier 1923 sur le retour à la réglementation d'avant-guerre pour la masse d'habillement.	2166	P.
1er	août	1923.	Modification à l'instruction du 31 décembre 1918 (*Bulletin officiel*, page 3696) concernant le fonctionnement de l'Ecole d'officiers et élèves officiers de gendarmerie de Versailles........	2174	P.
1er	—		Allocation de chevaux à des corps de troupe à cheval au titre du premier remplacement semestriel de 1923 prévu par la circulaire de répartition des contingents de remonte (rectificatif, page 2219)..........................	2191	S.-P.
1er	—		Modifications aux tarifs de solde des makhzens et goums de l'Algérie à la charge du budget de la guerre.	2227	P.
1er	—		Additif à l'instruction du 30 juillet 1903 faisant suite au règlement du 3 avril 1869, article 144.	2282	P.
2	—		Rectificatif à l'instruction du 2 juillet 1923 (*Bulletin officiel*, page 1783) concernant l'établissement des listes de tour de départ individuel pour les T. O. E. des militaires appelés de tous grades et tous emplois incorporés à partir du 1er avril 1923.......................	2174	S.-P.
2	—		Rectificatif à la circulaire du 20 mars 1923 (*Bulletin officiel*, page 787) relative à la participation des militaires de l'aviation au military de la Société du carburateur Zénith...........	2175	S.-P.
3	—		Circulaire relative à la suspension des prescriptions de la circulaire du 5 mars 1920 (*Bulletin officiel*, page 967) sur l'établissement et le versement des feuillets modèle 5 modifié	2175	S.-P.
3	—		Circulaire relative à la procédure à suivre lorsque les ascendants formulent des demandes de revision justifiées en ce qui concerne la date d'entrée en jouissance de leur allocation (ministère des pensions)............................	2221	S.-P.
4	—		Additif à l'article 245 *ter* de l'instruction du 30 juillet 1903 pour l'application d'un certain nombre de dispositions du règlement du 3 avril 1869.	2193	P.

DATE.			SOMMAIRE.	Page.	Classement.
			Année 1923 *(suite).*		
4	août	1923.	Circulaire relative au changement d'assignation du lieu de payement d'une pension avant la délivrance des certificats d'inscription et des livrets de pension (ministère des pensions).....	2224	S.-P.
4	—		Circulaire interdisant de rendre des ordonnances de « suspension ou de cessation de poursuites »................................	2235	P.
5	—		*Décret modifiant les positions* 9, 10 *et* 18 *du tableau I annexé au décret du* 25 *mai* 1904, *modifié par le décret du* 9 *décembre* 1920, *en ce qui concerne les droits à la solde des militaires en congé en attendant leur admission à pension (troupes coloniales)*....................	2193	P.
5	—		Décret modifiant les positions 17, 18 et 24 du tableau I annexé au décret du 3 janvier 1903, modifié par le décret du 9 décembre 1920, en ce qui concerne les droits à la solde des militaires de la gendarmerie en congé en attendant leur admission à pension....................	2198	P.
5	—		Décret modifiant les positions 9, 20 et 26 du tableau I annexé au décret du 10 janvier 1912, modifié par le décret du 9 décembre 1920, en ce qui concerne les droits à la solde des militaires en congé en attendant leur admission à pension (troupes métropolitaines)...........	2202	P.
6	—		Modification à l'article 237 du règlement du 3 avril 1869 sur la comptabilité des dépenses du Département de la guerre.....................	2206	P.
7	—		Instruction relative aux mesures d'entretien des stands et champs de tir......................	2207	P.
7	—		*Rectificatif au titre V de l'instruction du* 28 *mai* 1920 *sur l'avancement des hommes de troupe dans les troupes coloniales*..................	2111	P.
8	—		Décision présidentielle modifiant celle du 3 juin 1908 portant réorganisation du personnel du cadre de l'Ecole militaire d'infanterie..........	2227	P.
8	—		Rectificatif à l'instruction du 27 avril 1894 sur la vérification et la réception des matières et effets nécessaires pour l'exécution du service de l'habillement............................	2229	P.
9	—		Modification aux articles 11, 12, 16, 17, 18 de l'instruction du 27 octobre 1902 sur la remonte générale à l'intérieur..........................	2213	P.
9	—		Addition à la circulaire du 20 janvier 1922 (*Bulletin officiel*, page 310) relative à la tenue du livret matricule des militaires de carrière......	2212	P.

DATE.	SOMMAIRE.	Page.	Classement.
	Année 1923 (*suite*).		
9 août 1923.	Décret modifiant le tableau 6 annexé au décret du 10 janvier 1912 portant règlement sur la solde et les revues	2419	P.
10 —	Circulaire autorisant les officiers de l'armée active à faire partie de l' « Association amicale des anciens officiers aérostiers »	2229	P.
10 —	Circulaire autorisant les militaires de l'armée active à faire partie de l' « Association amicale des anciens combattants du 29e régiment de dragons »	2230	P.
10 —	Circulaire autorisant les officiers de l'armée active à faire partie de la section de la région parisienne de l'Association « les Anciens du 329e régiment d'infanterie »	2230	P.
10 —	Circulaire relative à l'organisation des écoles de l'artillerie	2231	P.
10 —	Circulaire relative à la mise à jour des tableaux de composition du matériel d'aviation détenus par les formations de l'aéronautique	2242	P.
10 —	Circulaire relative à une question posée au sujet de l'établissement du rapport annuel des bibliothèques de garnison	2242	P.
11 —	Circulaire annonçant l'envoi et fixant le prix de vente des listes d'ancienneté des officiers de l'armée active	2218	S.-P.
11 —	Rectificatif à la circulaire du 2 février 1923 (*Bulletin officiel*, page 411) portant annexe 3 à l'instruction du 27 octobre 1902 sur le service de la remonte générale à l'intérieur (division administrative et territoriale des établissements de remonte à l'intérieur)	2220	P.
11 —	Circulaire pour l'application de l'article 116 de la loi du 30 juin 1923 portant fixation du budget général de l'exercice 1923	2243	P.
11 —	Programme des connaissances exigées pour l'admission à l'Ecole polytechnique en 1924	2286	S.-P.
13 —	Circulaire autorisant les militaires de l'armée active à participer à la souscription ouverte par le « Comité constitué en vue de l'érection du monument de la Victoire et aux soldats de Verdun »	2248	S.-P.
13 —	Instruction relative à l'organisation de l'entretien et de la réparation des matériels de défense contre aéronefs	2249	P.

DATE.	SOMMAIRE.	Page.	Classement.
	Année 1923 *(suite).*		
13 août 1923.	*Instruction provisoire modifiant l'instruction du 4 décembre 1907 pour l'application du décret du 16 janvier 1907 en ce qui concerne l'organisation du dépôt de la section des infirmiers militaires des troupes coloniales*	2254	P.
13 —	Circulaire relative à la désaffectation du terrain de Nogent-le-Phaye (Chartres) comme terrain d'atterrissage	2260	P.
14 —	Rectificatif à la circulaire du 22 novembre 1911 relative au règlement des dégâts causés aux propriétés particulières par les exercices aéronautiques	2260	P.
14 —	Rectificatif à la circulaire du 2 août 1920 (*Bulletin officiel*, page 2980), modifiée par rectificatif du 19 mars 1923 (*Bulletin officiel*, page 785), relative à la garde des appareils militaires d'aviation atterrissant en dehors d'un aérodrome	2261	P.
15 —	Modification au tableau annexé au décret du 2 novembre 1920 (*Bulletin officiel*, page 4300) sur la remonte des officiers et assimilés de tous grades et de toutes armes	2262	P.
16 —	Instruction relative à la participation de l'aviation militaire aux meetings d'aviation organisés par l'initiative privée	2287	P.
17 —	*Circulaire relative aux stages de spécialisation à effectuer par les officiers du corps de santé des troupes coloniales*	2297	P.
18 —	Circulaire relative à la publication de règlements nouveaux (application de la circulaire ministérielle 6255 10/11 B du 4 août 1922)	2300	S.-P.
18 —	Additif à la circulaire 6913 10/11 B du 30 août 1922 relative à l'approvisionnement en cartes et plans directeurs	2301	S.-P.
20 —	Circulaire autorisant les militaires de l'armée active à participer à la souscription ouverte par le Comité du monument en l'honneur des « Diables bleus », formé par le « Club alpin français », en vue de l'érection dudit monument au sommet du ballon de Guebwiller	2301	S.-P.
20 —	Modification à la circulaire du 22 mai 1922 au sujet de la répartition des prévenus et condamnés dans les établissements pénitentiaires	2302	P.
20 —	Feuille de renseignements relatifs à l'envoi sur les théâtres d'opérations extérieurs des militaires de carrière envoyés en renfort à l'armée du Rhin	2302	S.-P.

DATE.	SOMMAIRE.	Page.	Classement.
	Année 1923 (*suite*).		
20 août 1923.	Circulaire relative au passage dans les différentes réserves des sous-officiers retraités. ..	2303	P.
20 —	Annulation d'une récompense pour travail scientifique accordée à un officier du service de santé militaire de l'armée active, par décision du 30 décembre 1922.	2487	S.-P.
21 —	Modification à la circulaire du 31 décembre 1911 modifiant à partir du 1er janvier 1912 le classement des établissements de l'artillerie dans les deux catégories définies par la circulaire n° 105 du 9 décembre 1909..............	2304	S.-P.
21 —	Arrêté modifiant l'arrêté du 31 décembre 1918 relatif à l'application des décrets du 31 décembre 1918 portant création d'une légion de gendarmerie en Alsace et en Lorraine et fixant les conditions d'admission.	2305	P.
22 —	Nomenclature des dépenses du ministère de la guerre pour l'exercice 1923..................	2305	S.-P.
22 —	Décret portant modifications au décret du 12 juin 1908 sur le service des frais de déplacement aux militaires isolés.	2487	P.
22 —	Circulaire relative à la publication de règlements nouveaux (paragraphe 8 de la circulaire ministérielle n° 6255 10/11 B du 4 août 1922).	2388	S.-P.
22 —	Modification à l'article 3 de l'instruction du 3 janvier 1903 sur l'administration et la comptabilité des écoles militaires................	2389	P.
22 —	Circulaire relative aux conditions d'application des articles 7 et 68 de la loi du 31 mars 1919 en cas de demande de revision pour aggravation (ministère des pensions).................	2410	S.-P.
22 —	Décret délimitant les 3e, 5e, 7e, 8e, 10e, 11e, 14e et 20e régions et les subdivisions qui les composent.	2421	P.
22 —	*Décret portant modifications au décret du* 23 *octobre* 1919 *au sujet de la durée du service colonial*.	2432	P.
22 —	Décret déclassant la place de Longwy........	2941	P.
23 —	Circulaire pour l'application de l'instruction n° 3644 10/11 F du 17 mai 1923 (*Bulletin officiel*, page 1405), en ce qui concerne la constatation de l'aptitude au personnel navigant des élèves de la préparation militaire supérieure candidats à l'aéronautique militaire.	2389	P.

DATE.			SOMMAIRE.	Page.	Classement.
			Année 1923 (*suite*).		
23	août	1923.	Décret modifiant le décret du 10 janvier 1912, modifié le 8 novembre 1920, sur la solde et les revues des troupes métropolitaines........	2434	P.
23	—		Décret portant modification au décret du 3 janvier 1903, modifié le 8 novembre 1920, sur la solde et les revues des corps de la gendarmerie................................	2433	P.
23	—		Décret portant modification au décret du 26 mai 1904, modifié le 8 novembre 1920, sur la solde et les revues des troupes coloniales........	2441	P.
24	—		Circulaire fixant les conditions d'âge et d'ancienneté de grade à remplir par les officiers susceptibles de figurer au tableau d'avancement de 1924 (armée active et réserves).......	2390	S.-P.
24	—		Deuxième rectificatif à la circulaire du 1er août 1923 (*Bulletin officiel*, page 2191) portant allocation de chevaux à des corps de troupe à cheval au titre du premier remplacement semestriel de 1923..........................	2408	S.-P.
24	—		Circulaire relative à l'organisation à Toulon d'une annexe de la commission d'expériences de Bourges..........................	2443	P.
25	—		Rectificatif à la circulaire 6896 2/2 du 24 juillet 1923 (*Bulletin officiel*, page 2119) modifiant la feuille de renseignements du 14 avril 1921 (*Bulletin officiel*, page 1483) portant réponse à diverses questions posées au sujet de la remonte des officiers (application du décret du 2 novembre 1920)........................	2409	P.
25	—		Additif aux articles 79 et 106 de l'instruction du 2 février 1909 relative aux officiers et assimilés de complément........................	2414	P.
25	—		Décret fixant les règles d'allocation de l'indemnité pour changement d'uniforme (troupes métropolitaines)........................	2445	P.
25	—		Modification au modèle n° 26, livret individuel d'homme de troupe........................	2447	P.
25	—		Instruction réglant le concours que les tambours, clairons et trompettes de la garde républicaine peuvent prêter collectivement à des œuvres civiles, fêtes et autres solennités (annexe à l'instruction du 28 août 1922)................	2472	S.-P.
26	—		Circulaire relative au mariage des jeunes soldats........................	2449	P.

DATE.			SOMMAIRE.	Page.	Classement.
			Année 1923 (*suite*).		
26	août	1923.	Circulaire abrogeant l'instruction 8461 K du 6 août 1918 (*Bulletin officiel*, page 2473) pour l'application de la loi du 2 avril 1918, modifiant les limites d'âge de radiation des cadres des officiers de complément	2449	P.
27	—		Feuille de renseignements relative à la délivrance des certificats de bonne conduite aux indigènes nord-africains, en service en France et à l'armée du Rhin, rapatriés pour libération en Afrique du Nord	2450	S.-P.
27	—		Circulaire relative aux officiers du génie désignés pour servir hors cadres en Afrique occidentale française	2451	P.
28	—		Décret tendant à l'attribution de l'indemnité de cherté de vie de la garnison d'origine aux officiers et militaires à solde mensuelle déplacés de l'intérieur à l'occasion de l'occupation de la Ruhr	2452	S.-P.
28	—		Lettres de félicitations avec citation au *Bulletin officiel*	2452	S.-P.
28	—		Circulaire relative aux régularisations des substitutions de denrées fourragères dans les revues de liquidation	2454	P.
28	—		Rectificatif aux articles 42 B et 42 H de l'instruction du 10 janvier 1912 pour l'application du décret portant règlement sur le service de la solde	2458	P.
28	—		Rectificatif à l'instruction du 10 janvier 1912 pour l'application du décret de même date portant règlement sur le service de la solde et des revues	2459	P.
28	—		Rectificatif aux modèles du règlement du 10 janvier 1912 sur le service de la solde et des revues	2460	P.
28	—		Circulaire relative à l'affectation d'office des officiers de gendarmerie aux formations mobiles	2460	S.-P.
28	—		Décret portant addition au décret du 10 décembre 1907 relatif à l'avancement des officiers de réserve et de l'armée territoriale	2491	P.
28	—		Décret modifiant l'article 4 du décret du 27 juin 1890 déterminant les époques auxquelles les militaires rengagés ou commissionnés auront droit aux marques distinctives d'ancienneté	2492	P.
29	—		Décret portant attribution de la médaille coloniale avec agrafe « Tonkin »	2462	P.

DATE.			SOMMAIRE.	Page.	Classement.
			Année 1923 (*suite*).		
29	août	1923.	Feuille rectificative n° 4 au cahier des charges communes du 14 février 1908 pour la fourniture, aux divers services du Département de la guerre, des matières diverses entrant dans la composition des peintures..................	2463	S.-P.
29	—		Décret portant modification au décret du 10 janvier 1912 (indemnités de fonctions aux agents de l'artillerie, contrôleurs permanents de la fabrication dans les poudreries nationales).	2494	P.
29	—		Décret portant modification au décret du 11 janvier 1913 (indemnités de fonctions aux agents de l'artillerie contrôleurs permanents de la fabrication dans les poudreries nationales.	2495	P.
30	—		Circulaire autorisant les officiers de l'armée active appartenant ou ayant appartenu au 3e régiment de zouaves, à participer à la souscription ouverte par le comité constitué à Constantine, en vue de l'érection de tables commémoratives à la mémoire des morts de la Grande Guerre..............................	2464	S.-P.
31	—		Circulaire relative aux mesures à prendre en vue de l'expulsion des ex-Français qui ont acquis une nationalité étrangère dans le but de se soustraire à leurs obligations militaires......	2497	P.
31	—		Circulaire relative aux frais de service et de bureau dans les groupes d'aviation et les groupes d'ouvriers d'aviation ou d'aéronautique formant corps.	2498	P.
1er	sept.	1923.	Rectificatif à la circulaire n° 7310 10/11 D du 13 septembre 1922 (*Bulletin officiel*, page 2819) relative aux sanctions données à l'enseignement technique de l'École militaire préparatoire de Billom..............................	2465	S.-P.
1er	—		Circulaire relative à l'application du décret du 20 juin 1923 modifiant le décret du 19 août 1920 sur l'indemnité pour charges militaires......	2499	P.
2	—		Décret portant attribution de la médaille coloniale avec agrafe « Afrique équatoriale française ».	2500	P.
3	—		Circulaire portant modifications à l'instruction du 13 juin 1908 sur le service des frais de déplacement aux militaires isolés, aux annexes nos 3 *ter* et 5 et aux modèles qui y font suite.	2501	P.
3	—		Circulaire portant modifications au titre IV, chapitre II, de la lettre d'envoi du règlement du 12 juin 1908 sur le service des frais de déplacement aux militaires isolés.	2507	P.

DATE.			SOMMAIRE.	Page.	Classement.
			Année 1923 (*suite*).		
4	sept.	1923.	Circulaire relative à l'inscription au budget de 1923 (chapitre 58, art. 1er) d'une indemnité supplémentaire d'alimentation de 2 francs par jour aux élèves officiers de réserve...............	2508	S.-P.
4	—		Décret modifiant l'article 163 du décret du 5 décembre 1902 portant règlement sur l'administration et la comptabilité des corps de la gendarmerie..................................	2942	P.
5	—		Rectificatif à la circulaire du 29 août 1922 (*Bulletin officiel*, page 2720) relative aux renseignements à fournir sur les troupes déplacées temporairement..................................	2508	S.-P.
5	—		Rectificatif à la circulaire du 8 novembre 1922 (*Bulletin officiel*, page 3590) relative à la conduite à tenir par les pilotes d'avions en cas de panne..................................	2509	P.
7	—		Décret relatif à la transformation des troupes auxiliaires marocaines en corps réguliers....	2944	P.
8	—		Instruction pour l'application de la loi du 13 février 1923 et du décret du 7 septembre 1923 relatifs à la transformation des troupes auxiliaires marocaines en corps réguliers......	2947	P.
8	—		Instruction particulière relative à l'administration et aux opérations administratives à effectuer par suite de la transformation des troupes auxiliaires marocaines en corps réguliers (loi du 13 février 1923 et décret du 7 septembre 1923)..................................	2958	P.
8	—		Additions à l'annexe n° 3 faisant suite à la circulaire du 29 novembre 1921 (*Bulletin officiel*, page 3862), portant fixation, par places, des tarifs d'indemnités de logement............	2961	P.
8	—		Additif à l'instruction du 16 juillet 1921, sur l'entretien et l'inspection du matériel automobile de l'armée..................................	2931	P.
8	—		Additif et *erratum* à l'état nominatif du 1er avril 1923 des officiers d'armement, des sous-officiers faisant fonctions d'officiers d'armement et des armuriers qui se sont le plus particulièrement distingués par leur zèle et leur capacité en 1922..................................	2964	S.-P.
10	—		Circulaire autorisant les militaires de l'armée active à faire partie du « Comité national de défense contre la tuberculose »...............	2964	P.

DATE.			SOMMAIRE.	Page.	Classement.
			Année 1923 (*suite*).		
10	sept.	1923.	Feuille rectificative n° 7 à l'instruction du 2 octobre 1908 concernant la conservation des poudres, munitions, artifices et explosifs........	2965	P.
11	—		Modification à l'instruction n° 2816 10/11 F du 17 avril 1923 (*Bulletin officiel*, page 1115), relative à l'admission dans les pelotons d'élèves officiers de réserve..........................	2965	S.-P.
11	—		Rectificatif à l'instruction du 16 janvier 1923 (*Bulletin officiel*, page 108) concernant le personnel militaire affecté à l'exploitation des lignes de Chartres à Orléans et de Voves à Toury, en exécution du traité passé le 22 juin 1922 entre le Ministre de la guerre et l'Administration des chemins de fer de l'Etat..........................	2967	P.
12	—		Rectificatif à l'instruction provisoire du 16 juillet 1921 sur l'entretien et l'inspection du matériel automobile de l'armée..................	2969	P.
14	—		Modification à l'instruction du 22 mars 1920 (*Bulletin officiel*, page 1090) concernant le harnachement des chevaux de la gendarmerie (troupe)................................	2973	P.
14	—		Modifications à l'instruction du 26 avril 1922 (*Bulletin officiel*, page 1380) concernant le harnachement des chevaux de la gendarmerie (troupe)................................	2973	P.
15	—		Circulaire relative à la formation du 39e régiment d'aviation................................	2974	P.
			Erratum à la notification de décorations coloniales (*Bulletin officiel*, page 1655)............	2262	S.-P.
			Erratum à la circulaire du 4 juin 1923 relative au paiement de la solde et des accessoires de solde des officiers détachés dans les écoles militaires pour y suivre des cours (*Bulletin officiel*, page 1582)............................	1694	P.
			Erratum au décret du 11 juin 1923 (*Bulletin officiel*, page 1623) modifiant les tarifs de solde du régiment de sapeurs-pompiers de la Ville de Paris..................................	1751	P.

TABLE ALPHABÉTIQUE

DES

DOCUMENTS PERMANENTS ET SEMI-PERMANENTS

DES MINISTÈRES DE LA GUERRE,
DES PENSIONS, PRIMES ET ALLOCATIONS DE GUERRE
ET DE LA PARTIE ANNEXE
pour l'année 1923 (1).

TROISIÈME VOLUME (2)

(Nos 27 à 39).

A

Pages

Académie de marine.

(Voir : *Avancement.*)

Adjudications.

(Voir : *Marchés.*)

Circulaire portant instruction pour les adjudications de fourniture du pain de troupe à faire à l'intérieur, en Algérie et en Tunisie (mentionnée)........................ 1746

Administration et comptabilité.

Circulaire portant modifications à l'article 89 de l'instruction provisoire du 10 décembre 1913 sur l'organisation et le fonctionnement des magasins administratifs des troupes coloniales stationnées en France........................ 2014

Circulaire pour l'application de l'instruction du 31 janvier 1923 sur le retour à la réglementation d'avant-guerre pour la masse d'habillement........................ 2166

Décret modifiant l'article 4 du décret du 27 juin 1890 déterminant les époques auxquelles les militaires rengagés ou commissionnés auront droit aux marques distinctives d'ancienneté........ 2492

Modification au modèle 26, livret individuel d'homme de troupe. 2447

Modifications aux tarifs de solde des makhzens et goums de l'Algérie à la charge du budget de la guerre (solde).......... 2227

(1) Les rubriques qui intéressent le ministère des pensions, primes et allocations de guerre sont suivies du nom de ce ministère.
Celles de la partie annexe sont suivies du nom de cette partie.

(2) Les sommaires en *lettres italiques* se rapportent à des documents *exclusivement* applicables aux troupes coloniales.

Pages.

Aéronautique militaire.

(Voir : *Réserve et armée territoriale; Engagement, rengagement et commissions; Registres et livrets matricules.*)

Additif à la circulaire du 25 novembre 1921 relative à l'avancement des hommes de troupe de l'aéronautique militaire...... 1792

Additif à l'instruction du 6 mars 1922 pour l'application de l'arrêté du même jour relatif à l'organisation des examens médicaux du personnel navigant de l'aéronautique militaire........... 1730

Arrêté interministériel relatif à l'aide que les pilotes militaires de la guerre et de la marine en cours de voyages aériens peuvent recevoir dans les formations d'aviation de la marine et de la guerre.. 1818

Circulaire au sujet de l'emploi des véhicules automobiles de l'aéronautique affectés pour le fonctionnement normal des formations de l'aéronautique.................................. 2159

Circulaire pour l'application de l'instruction n° 3644 10/11 F du 17 mai 1923 en ce qui concerne la constatation de l'aptitude au personnel navigant des élèves de la préparation militaire supérieure candidats à l'aéronautique militaire.............. 2389

Circulaire relative à la désaffectation du terrain de Nogent-le-Phaye (Chartres) comme terrain d'atterrissage................ 2260

Circulaire relative à la différenciation des avions aux manœuvres à double action.. 1827

Circulaire relative à la formation du 39e régiment d'aviation... 2974

Circulaire relative à la mise à jour des tableaux de composition du matériel d'aviation détenu par les formations de l'aéronautique.. 2242

Circulaire relative au modèle réglementaire des messages lestés à utiliser dans les formations de l'aviation militaire........... 1674

Circulaire relative au transfert de Dugny à Villacoublay de l'entrepôt spécial d'aviation n° 1 et de la 1re section du 1er groupe d'ouvriers d'aviation.................................... 1738

Décret fixant les conditions de classement dans le corps d'officiers d'administration de l'aéronautique des officiers d'administration actuellement dans la position « hors cadres aéronautique ».. 1823

Instruction concernant le fonctionnement de la division d'entraînement aérien de Villacoublay.............................. 1720

Instruction pour l'application de l'arrêté du 15 mai 1923 relatif à la constatation des services aériens commandés et aux règles d'allocation des indemnités spéciales de service de l'aéronautique.. 2263

Instruction relative à la participation de l'aviation militaire aux meetings d'aviation organisés par l'initiative privée.......... 2287

Rectificatif à la circulaire du 22 novembre 1911 relative au règlement des dégâts causés aux propriétés par les exercices aéronautiques.. 2260

Rectificatif à la circulaire du 2 août 1920, modifiée par rectificatif du 19 mars 1923, relative à la garde des appareils militaires d'aviation atterrissant en dehors d'un aérodrome............ 2261

Rectificatif à la circulaire du 5 avril 1922 relative à l'entraînement aérien du personnel navigant de l'aviation et de l'aérostation, de l'armée active, qui ne se trouve pas à proximité immédiate de formations d'aviation ou d'aérostation disposant de moyens d'entraînement.. 1961

Pages.

Rectificatif à la circulaire du 8 novembre 1922 relative aux dispositions à prendre en cas d'accidents d'aviation (aviation militaire) 2130

Rectificatif à la circulaire du 20 mars 1923 relative à la participation des militaires de l'aviation au military de la Société du carburateur Zénith 2175

Annuaire officiel de l'armée française.

Circulaire annonçant l'envoi et fixant le prix de vente des listes d'ancienneté des officiers de l'armée active 2218

Archives de la guerre.

Circulaire relative aux archives de la classe 1895 2639

Artillerie. . . .

(Voir : *Poudres*.)

Additif à l'instruction du 11 juillet 1913 sur le service de l'armement 1677

Additif à l'instruction du 16 juillet 1921 sur l'entretien et l'inspection du matériel automobile de l'armée 2961

Additif et *erratum* à l'état nominatif du 1er avril 1923 des officiers d'armement, des sous-officiers faisant fonctions d'officiers d'armement et des armuriers qui se sont le plus particulièrement distingués par leur zèle et leur capacité en 1922 2964

Circulaire relative à la conduite des voitures automobiles par les officiers de gendarmerie 1839

Circulaire relative à l'organisation à Toulon d'une annexe de la commission d'expériences de Bourges 2443

Circulaire relative au remplacement et au quadrillage du papier des planchettes topographiques et des planchettes de tir en temps de paix 1901

Décret accordant une remise gracieuse de dettes à d'anciens ouvriers de l'atelier de construction de Douai 1704

Décret portant modification au décret du 6 novembre 1919 modifiant l'organisation des établissements constructeurs de l'artillerie 1817

Instruction relative à l'organisation de l'entretien et de la réparation des matériels de défense contre aéronefs 2249

Modification à la circulaire du 31 décembre 1911 modifiant à partir du 1er janvier 1912 le classement des établissements de l'artillerie dans les deux catégories définies par la circulaire n° 105 du 9 décembre 1909 2304

Notice relative à l'installation des dépôts de carburants et ingrédients pour les véhicules automobiles et avions 2027

Programme des connaissances exigées pour l'obtention du certificat d'aptitude à l'emploi de chef de section dans l'artillerie. 2474

Rectificatif à la circulaire du 3 octobre 1921 portant réorganisation de la commission d'expériences du matériel automobile. 1769

Rectificatif à la circulaire du 11 janvier 1922 concernant les réparations à effectuer aux pneumatiques et bandages en mauvais état 1790

Rectificatif à la circulaire du 29 mars 1922 concernant les vieux bandages et pneumatiques pour automobiles susceptibles d'être compris dans des marchés par conversion à passer périodiquement par le magasin central automobile 1791

Pages.

Rectificatif à la circulaire du 29 juin 1922 portant organisation de la commission d'études pratiques de défense contre aéronefs. 1904

Rectificatif à l'instruction du 24 décembre 1920 pour l'application du décret du 18 août 1920 portant réorganisation des établissements et des commandements de l'artillerie.................. 1690

Rectificatif à l'instruction provisoire du 16 juillet 1921 sur l'entretien et l'inspection du matériel automobile de l'armée........... 2969

Automobiles.

(Voir : *Subsistances militaires; Artillerie.*)

Avancement.

Circulaire autorisant les officiers de l'armée active à participer au concours organisé par l'Académie de marine.............. 2117

Circulaire fixant les conditions d'âge et d'ancienneté de grade à remplir par les officiers susceptibles de figurer au tableau d'avancement de 1924 (armée active et réserves).............. 2390

Circulaire pour l'application de l'article 116 de la loi du 30 juin 1923 portant fixation du budget général de l'exercice 1923..... 2243

Circulaire relative à l'établissement du tableau d'avancement de 1924 (armée active et réserves).......................... 1915

Notification d'un avis, en date du 27 mars 1923, de la section des finances de la guerre, de la marine et des colonies, du conseil d'Etat sur la question de savoir si les officiers en non-activité depuis plus de trois ans peuvent être mis en réforme........ 1676

Rectificatif au titre V de l'instruction du 28 mai 1920 sur l'avancement des hommes de troupe dans les troupes coloniales.... 2211

B

Bibliothèques.

Circulaire relative à une question posée au sujet de l'établissement du rapport annuel des bibliothèques de garnison....... 2242

Budgets.

Extrait de la loi du 18 juillet 1923 portant fixation du budget spécial, pour l'exercice 1923, des dépenses recouvrables en exécution des traités de paix.. 2012

Extrait de la loi portant fixation du budget général de l'exercice 1923.. 2047

Loi portant : 1° ouverture et annulation de crédits sur l'exercice 1922, au titre du budget général; 2° ouverture de crédits sur l'exercice 1922 au titre du budget spécial des dépenses recouvrables en exécution des traités de paix.......................... 1778

Loi portant ouverture et annulation de crédit sur l'exercice 1923 en vue de permettre l'application de mesures prises pour assurer l'exécution par l'Allemagne du traité de Versailles........ 1766

Loi portant ouverture sur l'exercice 1923 de crédits provisoires au titre du budget spécial des dépenses recouvrables, en exécution des traités de paix, et applicables au mois de juillet 1923. 1772

Loi relative au report de crédits de l'exercice de 1922 à l'exercice 1923.. 1774

Nomenclature des dépenses du ministère de la guerre pour l'exercice 1923.. 2305

C

Pages.

Cahier des charges.

Feuille rectificative n° 4 au cahier des charges communes du 14 février 1908 pour la fourniture, aux divers services du département de la guerre, des matières diverses entrant dans la composition des peintures. 2463

Modification au cahier des charges communes du 1er septembre 1912 pour la fourniture des toiles de coton nécessaires au service de l'habillement. 1748

Rectificatif n° 1 au cahier des charges communes du 23 février 1923 pour la fourniture aux divers services du département de la guerre de la graisse consistante destinée au graissage et à l'entretien du matériel automobile et du matériel d'artillerie. 2109

Certificat de bonne conduite.

Feuille de renseignements relative à la délivrance des certificats de bonne conduite aux indigènes, nord-africains, en service en France et à l'armée du Rhin, rapatriés pour libération en Afrique du Nord. 2450

Citation au « Bulletin officiel ».

(Voir : *Lettres de félicitations avec citation au* Bulletin officiel.)

Cabinet du Ministre. 1753

Condition civile et politique des militaires.

Circulaire relative au mariage des jeunes soldats. 2449

Congés et permissions.

Instruction réglant le mode d'attribution des congés et permissions prévus par l'article 45 de la loi du 1er avril 1923 sur le recrutement de l'armée. 1828

Comptabilité générale.

Additif à l'article 245 *ter* de l'instruction du 30 juillet 1903 pour l'application d'un certain nombre de dispositions du règlement du 3 avril 1869. 2193

Additif à l'instruction du 30 juillet 1903 faisant suite au règlement du 3 avril 1869 (article 114). 2282

Décret modifiant l'article 1er du décret du 10 août 1899 sur les conditions du travail dans les marchés passés au nom de l'Etat en ce qui concerne les allocations familiales. 2280

Décret portant règlement d'administration publique sur la comptabilité des dépenses engagées. 1699

Modification à l'article 237 du règlement du 3 avril 1869 sur la comptabilité des dépenses du département de la guerre. 2206

Notification d'une instruction du ministre des finances relative aux cessions aux gouvernements étrangers. 2179

D

Décorations.

Arrêté portant attribution de la croix de guerre des théâtres d'opérations extérieurs. 2154

Décret portant attribution de la médaille coloniale avec agrafe « Afrique équatoriale française ». 2500

Pages.

Décret portant attribution de la médaille coloniale avec agrafe « Tonkin ».. 2462

Décret portant modification du décret du 13 avril 1923 relatif à l'attribution de la médaille commémorative de Syrie-Cilicie.... 1821

Circulaire relative à la remise des livrets à coupons aux militaires en activité de service titulaires de la Légion d'honneur ou de la médaille militaire.. 1713

Instruction modifiant celle du 2 mai 1914 en ce qui concerne l'établissement des tableaux de concours de la Légion d'honneur et de la médaille militaire.. 1962

Loi étendant aux engagés volontaires âgés de moins de 14 ans et aux mineurs de 18 ans non incorporés qui ont, pendant la guerre de 1870-1871, accompli un acte de courage civique, le droit du port de la médaille commémorative avec agrafe, instituée par la loi du 9 novembre 1911, modifiée par la loi du 27 mars 1912.. 2092

Notifications de décorations coloniales.................. 1655, 2413

Notifications de décorations coloniales (*errata*).......... 1655, 2262

Rectificatif à l'instruction du 18 juillet 1923 modifiant celle du 2 mai 1914, en ce qui concerne l'établissement des tableaux de concours de la Légion d'honneur et de la médaille militaire.. 2417

Rectificatif à l'instruction modifiant celle du 2 mai 1914 en ce qui concerne l'établissement des tableaux de concours de la Légion d'honneur et de la médaille militaire.. 2161

Discipline générale.

Circulaire relative aux offres d'emplois destinés aux militaires libérables.. 1959

Dons et legs.

Décret portant autorisation d'acceptation d'une donation de 3.000 francs de rente française faite par M. Pascal en faveur du Prytanée militaire de La Flèche (Instruction d'application, page 2178).. 2177

E

Ecoles militaires.

(Voir : *Soldes.*)

Additif aux modifications du 28 décembre 1922 à l'article 34 de l'instruction du 19 juillet 1902 sur le service intérieur de l'école militaire préparatoire de l'artillerie et du génie.............. 1691

Additif aux modifications du 28 décembre 1922 à l'article 34 de l'instruction du 19 juillet 1902 sur le service intérieur des écoles militaires préparatoires de la cavalerie.............. 1692

Additif aux modifications du 28 décembre 1922 à l'article 34 de l'instruction du 19 juillet 1902 sur le service intérieur des écoles militaires préparatoires d'infanterie.............. 1692

Décision fixant le mode de payement des frais d'hospitalisation des élèves du Prytanée militaire admis dans les hôpitaux militaires.. 2105

Circulaire portant création d'une division d'escrime à l'école militaire préparatoire d'Autun.. 2162

Circulaire relative à l'organisation des écoles de l'artillerie.... 2231

Pages.

Circulaire relative aux emplois de professeurs dans les écoles militaires. 1685
Décision présidentielle modifiant celle du 3 juin 1908 portant réorganisation du personnel du cadre de l'Ecole militaire d'infanterie. 2227
Modification à l'article 3 de l'instruction du 3 janvier 1903 sur l'administration et la comptabilité des écoles militaires. 2389
Rectificatif à l'instruction du 29 décembre 1922 pour l'admission au Prytanée militaire. 1693
Rectificatif à la circulaire n° 7310 10/11 D du 13 septembre 1922 relative aux sanctions données à l'enseignement technique de l'école militaire préparatoire de Billom. 2465
Rectificatif aux articles 4 et 5 de l'instruction du 22 février 1922 sur la préparation des candidats des troupes coloniales aux écoles des sous-officiers élèves officiers. 2015

Ecole polytechnique.

Programme des connaissances exigées pour l'admission à l'Ecole polytechnique. 2286

Education physique.

Récompenses accordées au titre de l'éducation physique et de la préparation au service militaire pendant le 1er semestre 1923 à l'occasion des fêtes sportives présidées par un membre du gouvernement. 1770

Emplois réservés.

Décret portant règlement d'administration publique pris en exécution de la loi du 30 janvier 1923 réservant des emplois aux anciens militaires pensionnés pour infirmités de guerre, ainsi qu'aux veuves, orphelins de guerre et aux victimes civiles de la guerre (ministère des pensions). 2523

Engagements, rengagements, commissions.

(Voir : *Recrutement.*)
Circulaire relative aux engagements, rengagements et commissions dans les troupes coloniales (*application de la loi du 1er avril* 1923). 1793
Feuille de renseignements portant solution de questions concernant les engagements, rengagements et commissions dans les troupes métropolitaines. 2155
Rectificatif à l'instruction du 20 mai 1922 relative aux engagements et rengagements dans l'aéronautique. 1731

F

Franchise et correspondance.

Notification relative à l'acheminement de la correspondance destinée aux établissements de l'intendance de Billancourt (Seine). 1907

G

Gendarmerie.

(Voir : *Uniformes; Artillerie; Organisation de l'armée.*)
Arrêté modifiant l'arrêté du 31 décembre 1918 relatif à l'application des décrets du 31 décembre 1918 portant création d'une légion de gendarmerie en Alsace et en Lorraine et fixant les conditions d'admission. 2305

Pages.

Circulaire relative à l'affectation d'office des officiers de gendarmerie aux formations mobiles. 2460

Décision rattachant directement à la 7e légion la gendarmerie du territoire de Belfort. 1689

Décret modifiant l'article 138 du décret du 5 décembre 1902 (retenues à opérer sur la solde des militaires de la gendarmerie dont la masse est appelée à être en débet). 1767

Décret modifiant l'article 163 du décret du 5 décembre 1902 portant règlement sur l'administration et la comptabilité des corps de gendarmerie. 2942

Décret modifiant l'article 347 du décret du 24 janvier 1921 portant règlement sur le service intérieur de la garde républicaine.... 2148

Décret modifiant les dispositions transitoires de l'article 47 du décret du 20 mai 1903 relatives à l'admission dans la gendarmerie d'officiers supérieurs en surnombre dans les corps de troupe. 1734

Décret modifiant les positions 17, 18 et 24 du tableau I annexé au décret du 3 janvier 1903, modifié par le décret du 9 décembre 1920, en ce qui concerne les droits à la solde des militaires de la gendarmerie en congé en attendant leur admission à pension. 2198

Décret portant modification au décret du 3 janvier 1903, modifié le 8 novembre 1920, sur la solde et les revues des corps de la gendarmerie. 2438

Modification à l'instruction du 31 décembre 1918 concernant le fonctionnement de l'école d'officiers et élèves officiers de gendarmerie de Versailles. 2174

Génie.

Arrêté réglant le fonctionement du service de la télégraphie militaire. 2096

Décret déclassant la place de Longwy. 2941

Décret déclassant la place de Saint-Jean-Pied-de-Port.......... 2939

Instruction fixant les attributions du général commandant supérieur des troupes et services de transmissions et du général commandant la brigade de télégraphistes.......... 2098

Instruction relative aux mesures d'entretien des stands et champs de tir. 2207

Loi concernant la cession à la ville de Longwy des immeubles provenant de la fortification déclassée de la place.......... 2940

Loi portant déclassement de l'enceinte de Saint-Malo.......... 1698

Rectificatif à l'instruction du 16 janvier 1923 concernant le personnel militaire affecté à l'exploitation des lignes de Chartres à Orléans et de Voves à Toury, en exécution du traité passé le 22 juin 1922 entre le ministre de la guerre et l'administration des chemins de fer de l'Etat.......... 2967

Rectificatif à l'instruction provisoire du 7 juillet 1921 sur l'organisation et le fonctionnement du service de la télégraphie militaire en Algérie et en Tunisie. 2105

H

Pages.

Habillement, campement, couchage.

(Voir : *Cahiers des charges.*)
Circulaire portant modification au tarif de réparations d'ustensiles de campement.................................... 2139
Instruction sur la manière de vérifier les épaisseurs de cuirs.... 2484
Modifications à l'instruction du 25 mars 1907 sur le service du couchage et de l'ameublement dans les troupes métropolitaines. 1747
Modifications au tarif des confections, retouches et réparations des effets du service de l'habillement.......................... 1746
Notification concernant l'abrogation de la circulaire relative à la cession aux maîtres ouvriers d'accessoires pour la réparation des casques métalliques.. 1750
Rectificatif à l'instruction du 27 avril 1894 sur la vérification et la réception des matières et effets nécessaires pour l'exécution du service de l'habillement.................................... 2229

Harnachement.

Circulaire suspendant provisoirement la mise en application des dispositions contenues dans le volume 54 *ter* sur le harnachement des chevaux des officiers généraux et assimilés......... 1960
Description du harnachement des chevaux des officiers généraux et assimilés et des officiers montés de toutes armes et des différents services (vol. 54 *ter*, E. M.)............................ 1695
Modification à l'instruction du 22 mars 1920 concernant le harnachement des chevaux de la gendarmerie (troupe)............ 2973
Modifications à l'instruction du 26 avril 1922 concernant le harnachement des chevaux de la gendarmerie (troupe)............ 2973

I

Instruction.

Additif à la circulaire du 4 août 1922 fixant la liste et le prix des documents d'ordre général à utiliser pour l'instruction en indiquant les différents modes de cession de ces documents. 1764, 2020
Additif à la circulaire n° 6913 10/11 B du 30 août 1922 relative à l'approvisionnement en cartes et en plans directeurs........ 2301
Additif à l'instruction du 21 décembre 1921 sur les courses et cross-country.. 1732
Circulaire relative à la publication de règlements nouveaux (application de la circulaire 6255 10/11 du 4 août 1922).......... 2300
Circulaire relative à la publication de règlements nouveaux (paragraphe 8 de la circulaire du 4 août 1922)................ 2388
Circulaire relative à l'organisation de la commission d'études pratiques de tir d'artillerie de campagne.................. 2103
Circulaire relative à l'organisation et composition du cours pratique de tir d'artillerie de campagne et d'artillerie lourde..... 2150
Instruction déterminant les services de la musique de la garde républicaine, réglant son emploi et le concours que cette musique et ses musiciens peuvent prêter collectivement ou individuellement à des œuvres civiles, fêtes et autres solennités.... 2467

Pages.

Instruction réglant le concours que les tambours, clairons et trompettes de la garde républicaine peuvent prêter collectivement à des œuvres civiles, fêtes et autres solennités (annexe à l'instruction du 28 août 1922)........ 2472

J

Justice militaire.

(Voir : *Recrutement.*)

3e additif à la circulaire du 2 septembre 1920 concernant les conditions techniques de sécurité et le service de sécurité des champs de tir........ 1684

Circulaire interdisant de rendre des ordonnances de « suspension ou de cessation de poursuites »........ 2285

Circulaire relative à la situation des insoumis qui, mis en subsistance dans un corps de troupe, s'enfuient au cours de l'information judiciaire........ 2090

Circulaire relative à la suppression de la prison militaire de Limoges........ 1759

Circulaire relative aux mesures à prendre en vue de l'expulsion des ex-Français qui ont acquis une nationalité étrangère dans le but de se soustraire à leurs obligations militaires........ 2497

Décret au sujet de la réglementation des frais de justice et des frais fixés de procédure devant les conseils de guerre de l'armée de terre séant aux colonies........ 2044

Modification à la circulaire du 22 mai 1922 au sujet de la répartition des prévenus et condamnés dans les établissements pénitentiaires........ 2302

Rectificatif à la circulaire du 22 novembre 1911 relative au règlement des dégâts causés aux propriétés particulières par les exercices aéronautiques........ 2260

L

Lettres de félicitations avec citation au « Bulletin officiel ».

(Voir : *Citations au* Bulletin officiel.)

Cabinet du ministre........ 1753, 1822, 1959, 2150

Intendance........ 2190

Listes d'ancienneté.

(Voir : *Annuaire général.*)

M

Mouvements et transports.

Circulaire portant modifications à l'instruction du 13 juin 1908 sur le service des frais de déplacement aux militaires isolés, aux annexes nos 3 *ter* et 5 et aux modèles qui y font suite........ 2501

Circulaire portant modifications au titre IV, chapitre II, de la lettre d'envoi du règlement du 12 juin 1908 sur le service des frais de déplacement aux militaires isolés........ 2507

Décret portant modifications au décret du 12 juin 1908 sur le service des frais de déplacement aux militaires isolés........ 2487

Décret portant réorganisation de la commission de réseau constituée pour les chemins de fer de grande et de petite ceinture. 1695

Pages

Décret portant réorganisation de la commission de réseau pour les réseaux secondaires d'intérêt général et les voies ferrées d'intérêt local, tramways urbains compris 1697

Instruction relative aux mesures à prendre pour la constatation des pertes et avaries du matériel du service militaire des chemins de fer mis à la disposition des corps de troupe pour les transports par voie ferrée. 2137

Notification d'une circulaire du ministre des travaux publics modifiant l'état A annexé à l'arrêté du ministre des travaux publics du 9 mai 1913 relatif aux conditions de transports des militaires ou marins voyageant en corps ou isolément........ 1903

O

Organisation de l'armée.

(Voir : *Recrutement; Aéronautique militaire.*)

Circulaire relative aux officiers du génie désignés pour servir hors cadres en Afrique occidentale française.................. 2451

Circulaire relative aux stages de spécialisation à effectuer par les officiers du corps de santé des troupes coloniales......... 2297

Décision rattachant directement à la 7e légion la gendarmerie du territoire de Belfort. 1689

Décret délimitant les 3e, 5e, 7e, 8e, 10e, 11e, 14e et 20e régions et les subdivisions qui les composent.......................... 2421

Décret modifiant le décret du 22 septembre 1882 réorganisant, sur de nouvelles bases, le corps militaire des douanes........ 1755

Décret portant réorganisation du corps des interprètes militaires de complément. 1705

Décret relatif à la transformation des troupes auxiliaires marocaines en corps réguliers.................................. 2944

Feuille de renseignements relatifs à l'envoi, sur les théâtres d'opérations extérieurs, des militaires de carrière envoyés en renfort à l'armée du Rhin.................................... 2302

Instruction particulière relative à l'administration et aux opérations administratives à effectuer par suite de la transformation des troupes auxiliaires marocaines en corps réguliers (loi du 13 février 1923 et décret du 7 septembre 1923)........... 2958

Instruction pour l'application de la loi du 13 février 1923 et du décret du 7 septembre 1923 relatifs à la transformation des troupes auxiliaires marocaines en corps réguliers............ 2947

Instruction provisoire modifiant l'instruction du 4 décembre 1907 pour l'application du décret du 16 janvier 1907 en ce qui concerne l'organisation du dépôt de la section des infirmiers militaires des troupes coloniales................................. 2254

Rectificatif à la circulaire du 29 août 1922 relative aux renseignements à fournir sur les troupes déplacées temporairement... 2508

Rectificatif à l'instruction du 2 mars 1921 au sujet de la relève individuelle des militaires français des troupes métropolitaines en service sur les théâtres d'opérations extérieurs............. 2107

Rectificatif à l'instruction du 2 mars 1921 au sujet de l'établissement des listes de tours de départ individuel pour les théâtres d'opérations extérieurs des militaires appelés de tous grades et tous emplois incorporés à partir du 1er août 1923...... 1783

Rectificatif à l'instruction du 2 mars 1921 concernant la relève individuelle des militaires français des troupes métropolitaines en service sur les théâtres d'opérations extérieurs............. 1905

Pages.

Rectificatif à l'instruction du 2 juillet 1923 concernant l'établissement des listes de tour de départ individuel pour les théâtres d'opérations extérieurs des militaires appelés de tous grades et tous emplois incorporés à partir du 1er avril 1923........... 2174

Rectificatif à l'instruction particulière du 4 mars 1921 relative à l'application, au personnel du génie, de l'instruction du 2 mars 1921 concernant la relève individuelle des militaires français des troupes métropolitaines en service sur les théâtres d'opérations extérieurs.. 1839

P

Pensions et gratifications de réforme.

Circulaire apportant des modifications dans la nomenclature des pièces entrant dans la constitution de certains dossiers de pension (ministère des pensions).............................. 2146

Circulaire fixant les modalités d'application du paragraphe 3 de la circulaire n° 079/AD du 4 mai 1923 (ministère des pensions). 2144

Circulaire relative à l'application du décret du 11 juillet 1923 et de l'instruction du 12 juillet 1923 pour l'application de la loi du 17 avril 1923 accordant des pensions d'invalidité aux anciens militaires ayant acquis droit à pension d'invalidité dans les rangs de l'armée allemande et devenus Français par application du traité de Versailles (ministère des pensions)......... 2024

Circulaire relative à la procédure à suivre lorsque les ascendants formulent des demandes de revision justifiées en ce qui concerne la date d'entrée en jouissance de leur allocation (ministère des pensions)... 2221

Circulaire relative au changement d'assignation du lieu de payement d'une pension avant la délivrance des certificats d'inscription et des livrets de pension (ministère des pensions).... 2224

Circulaire relative aux conditions d'application des articles 7 et 68 de la loi du 31 mars 1919 en cas de demande pour aggravation (ministère des pensions)................................ 2410

Décret portant règlement d'administration publique pour l'application de la loi du 17 avril 1923 étendant le bénéfice des lois françaises sur les pensions militaires d'invalidité aux anciens militaires ayant acquis droit à pension d'nvalidité dans les rangs de l'armée allemande au cours de la guerre 1914-1918 et devenus Français par application du traité de Versailles et à leurs ayants droit (ministère des pensions)..................... 1844

Décret relatif à la législation des ayants cause de marins de divers corps indigènes (ministère des pensions).................. 2510

Décret relatif à la législation des pensions de marins des divers corps indigènes de l'armée de mer, modifié conformément aux prescriptions du décret du 24 août 1923, ministère des pensions).. 2516

Instruction interministérielle relative à l'application du décret du 11 juillet 1923 portant règlement d'administration publique pour l'application de la loi du 17 avril 1923 accordant des pensions d'invalidité aux anciens militaires ayant acquis droit à pension d'invalidité dans les rangs de l'armée allemande et devenus Français par application du traité de Versailles (ministère des pensions)... 1850

Pages.

Loi autorisant les bénéficiaires de la loi du 18 juillet 1922 à invoquer les dispositions des articles 58, 59 et 60 de la loi du 31 mars 1919 sur les pensions (ministère des pensions)........ 2143

Loi complétant l'article 71 de la loi du 31 mars 1919 sur les pensions d'invalidité (ministère des pensions)........ 2023

Loi permettant aux pensionnés militaires de la guerre et de la marine de résider à l'étranger sans autorisation (ministère des pensions)........ 2022

Loi prorogeant le délai accordé aux victimes civiles de la guerre ou à leurs ayants droit en vue de se mettre en instance de pension (ministère des pensions)........ 2176

Permissions.

(Voir : *Congés.*)

Personnel civil d'exploitation.

Circulaire relative à l'application de la semaine anglaise au personnel civil, régi par l'instruction du 1er décembre 1916, employé dans les états-majors, corps et services de la guerre et des pensions........ 2018

Circulaire portant notification de la liste, pour le deuxième semestre de 1923, des communes des régions dévastées pour lesquelles des indemnités spéciales sont accordées aux fonctionnaires qui y résident........ 2061

Circulaire réglementant l'attribution des augmentations individuelles de salaires aux ouvriers et ouvrières des établissements constructeurs de l'artillerie........ 2120

Circulaire relative à la durée du congé d'allaitement accordé au personnel féminin des établissements, états-majors, corps et services de la guerre........ 1816

Circulaire relative à l'attribution, à titre exceptionnel, au personnel civil soumis à l'instruction du 1er décembre 1916, de congés de repos ou de convalescence ou de congés pour aller à la mer ou à la campagne (ministère des pensions)........ 2106

Circulaire relative aux divers modes de travail employés dans les établissements constructeurs du service de l'artillerie, ainsi qu'aux règles de salaires à appliquer pour le travail au devis... 2122

Poudres.

Additif à l'arrêté du 8 juin 1914 fixant les conditions et le programme d'examen pour le recrutement des agents chimistes et techniques et des sous-agents techniques du corps militaire des poudres (en dehors des anciens militaires classés pour un emploi réservé)........ 1689

Feuille rectificative n° 7 à l'instruction du 2 octobre 1908 concernant la conservation des poudres, munitions, artifices et explosifs........ 2965

Tarif de remboursement des carburants, pétrole, lubrifiants pour automobiles et avions, glycérine et carbure de calcium, applicable à partir du 1er août 1923........ 1912

Préparation militaire.

(Voir : *Education physique.*)

R

Pages.

Recrutement.

(Voir : *Justice militaire; Archives de la guerre; Engagements.*)

Arrêté relatif à la formation de la classe 1924.................... 1908

Circulaire prescrivant l'application, aux hommes visés par les articles 4 et 5, de la loi sur le recrutement de l'armée incarcéré sous prévention d'insoumission des dispositions de la circulaire n° 30407 2/1 du 23 octobre 1918.................... 2119

Circulaire relative à l'application de l'article 7, 2ᵉ alinéa, de la loi du 17 décembre 1921 et de l'article 21, paragraphe 4, de la loi du 1ᵉʳ avril 1923 sur le recrutement de l'armée............ 1842

Décret relatif à l'exercice, par les militaires commissionnés, du droit de démission.................... 2100

Feuille de renseignements au sujet de l'application de la circulaire du 9 mai 1923, n° 4776 1/11 relative au maintien en service des militaires commissionnés.................... 1788

Feuille de renseignements au sujet du tableau d'emploi à maintien prolongé.................... 2136

Instruction interministérielle pour l'application du décret du 8 avril 1923 sur le recrutement des troupes indigènes en Indo-Chine.................... 2093

Registres et livrets matricules.

Addition à la circulaire du 20 janvier 1922 relative à la tenue du livret matricule des militaires de carrière.................... 2212

Circulaire relative à la suspension des prescriptions de la circulaire du 5 mars 1920 sur l'établissement et le versement des feuillets modèle 5 modifié.................... 2175

Modification à l'instruction du 8 juin 1911 relative à l'établissement et à la tenue à jour des registres et livrets matricules et aux inscriptions à porter sur les registres et livrets, ainsi que sur les certificats et relevés de service, en ce qui concerne l'inscription des bonifications de durée de service pour services aériens commandés.................... 2133

Remontes.

Additif à la feuille de renseignement du 14 avril 1921 portant réponse à diverses questions posées au sujet de la remonte des officiers (application du décret du 2 décembre 1920).......... 1904

Additif au modèle n° 1 de l'instruction du 27 octobre 1902 sur la remonte générale à l'intérieur.................... 1716

Allocation de chevaux à des corps de troupe à cheval au titre du premier remplacement semestriel de 1923, prévu par la circulaire de répartition des contingents de remonte.......... 2191

Circulaire modifiant la feuille de renseignements du 14 avril 1921 portant réponse à diverses questions posées au sujet de la remonte des officiers (application du décret du 2 novembre 1920).................... 2119

Circulaire modifiant la feuille de renseignements n° 2 portant réponse à diverses questions posées au sujet de la remonte des officiers (application du décret du 2 novembre 1920).......... 1911

Deuxième rectificatif à la circulaire du 1ᵉʳ août 1923 portant allocation de chevaux à des corps de troupe à cheval au titre du premier remplacement semestriel de 1923.................... 2408

Pages.

Modification au tableau annexé au décret du 2 novembre 1920 sur la remonte des officiers et assimilés de tous grades et de toutes armes. 2262
Modification aux articles 11, 12, 16, 17, 18 de l'instruction du 27 octobre 1902 sur la remonte générale à l'intérieur.......... 2213
Modification aux articles 91 et 93 de l'instruction du 19 décembre 1900 (modifiée le 5 juillet 1921) sur le service des remontes et des haras en Algérie et en Tunisie.......... 1815
Rectificatif à la circulaire du 2 février 1923 portant annexe 3 à l'instruction du 27 octobre 1902 sur le service de la remonte générale à l'intérieur (division administrative et territoriale des établissements de remonte à l'intérieur).......... 2220
Rectificatif à la circulaire 6896 2/2, du 24 juillet 1923, modifiant la feuille de renseignements du 14 avril 1921 portant réponse à diverses questions posées au sujet de la remonte des officiers (application du décret du 2 novembre 1920).......... 2409
Rectificatif à la circulaire du 1er août 1923 portant allocation de chevaux à des corps de troupe à cheval au titre du premier remplacement semestriel de 1923 prévu par la circulaire de répartition des contingents de remonte.......... 2219

Réquisitions militaires.

Circulaire portant fixation des prix des animaux de réquisition. 2141
3e rectificatif à l'instruction du 26 décembre 1921 pour le classement des véhicules automobiles susceptibles d'être réquisitionnés pour les besoins de l'armée.......... 1788

Réserve et armée territoriale.

(Voir : *Aéronautique militaire.*)
Additif aux articles 79 et 106 de l'instruction du 2 février 1919 relative aux officiers et assimilés de complément.......... 2444
Circulaire abrogeant l'instruction 8461 K du 6 août 1918 pour l'application de la loi du 2 avril 1918 modifiant les limites d'âge de radiation des cadres des officiers de complément.......... 2449
Circulaire relative à la contexture de l'état modèle 39-40 annexé à l'instruction du 20 juin 1900 relative aux hommes de troupe de la disponibilité et des réserves.......... 1760
Circulaire relative à l'inscription au budget de 1923 d'une indemnité supplémentaire d'alimentation de 2 francs par jour aux élèves officiers de réserve.......... 2508
Circulaire relative aux candidats élèves officiers d'administration de réserve des services de l'intendance et de santé des troupes coloniales. 1728
Circulaire relative au passage dans les différentes réserves des sous-officiers retraités. 2303
Circulaire relative aux pelotons préparatoires aux pelotons d'élèves officiers de réserve d'artillerie. 1675
Circulaire portant modifications à l'article 106 de l'instruction du 2 février 1909 relative aux officiers et assimilés de complément. 2020
Décret portant addition au décret du 10 décembre 1907 relatif à l'avancement des officiers de réserve et de l'armée territoriale. 2491
Décret portant réorganisation du corps des interprètes militaires de complément.......... 1705
Décret relatif à la constitution initiale des cadres d'officiers des réserves de l'arme de l'aéronautique.......... 1709

Pages.

Instruction provisoire relative au recrutement des interprètes militaires de complément parmi les militaires du service actif et à leur affectation. 1739

Instruction relative aux changements de classes de mobilisation des militaires des réserves par application de l'article 58 de la loi du 1er avril 1923.... 2185

Modification à l'instruction n° 2816 10/11 F du 17 avril 1923 relative à l'admission dans les pelotons d'élèves officiers de réserve. 2965

S

Service courant.

Modifications à l'article 98 de l'instruction du 10 février 1908 sur le service courant. 2131

Service de santé.

Additif à la notice n° 2 du 21 avril 1919 annexée au règlement sur le service de santé de l'armée à l'intérieur.... 1715

Annulation d'une récompense pour travail scientifique accordée à un officier du service de santé militaire de l'armée active par décision du 30 décembre 1920.... 2487

Circulaire au sujet de l'extension des fonctions des médecins assistant les conseils de revision.... 2110

Circulaire relative au dépôt au Trésor des fonds remis aux officiers gestionnaires du service de santé par les militaires admis dans les hôpitaux militaires. 2042

Circulaire relative aux tarifs de remboursement des analyses bactériologiques ou chimiques.... 2147

Service vétérinaire.

Inscription de la *Revue de zootechnie* sur la liste des ouvrages facultatifs pour les bibliothèques vétérinaires des corps de troupe, écoles ou établissements de remonte.... 2136

Sociétés dont les militaires sont autorisés à faire partie.

« Amicale des anciens militaires et combattants des 75e et 275e régiments d'infanterie ». 1733

« Anciens de la 121e division ».... 1685

« Anciens infirmiers de la 19e section ».... 1823

« Association amicale des anciens combattants du 29e régiment de dragons ». 2230

« Association amicale des anciens officiers aérostiers ».... 2229

« Comité de l'ossuaire du monument de la Gruric ».... 1908

« Comité national de défense contre la tuberculose ».... 2964

« Les anciens du 329e régiment d'infanterie ».... 2230

« Société amicale des Ariégeois de Bordeaux ».... 1905

« Société des anciens et amis du 401e régiment d'infanterie ».... 1907

Soldes, indemnités, tarifs.

Addition à l'annexe n° 3 faisant suite à la circulaire du 29 novembre 1921 portant fixation par places des tarifs d'indemnités de logement. 2961

Circulaire relative à la solde des sous-lieutenants provenant des militaires de la classe 1920 ayant contracté l'engagement spécial prévu par la circulaire du 28 avril 1920.... 1911

Pages.

Circulaire relative à l'application du décret du 20 juin 1923 modifiant le décret du 19 août 1920 sur l'indemnité pour charges militaires. 2499

Circulaire relative à l'application du décret et de l'instruction du 20 juillet 1922 aux ordonnances et aux montures des officiers de cavalerie sans troupe. 1729

Circulaire relative aux frais de service et de bureaux dans les groupes d'aviation et les groupes d'ouvriers d'aviation ou d'aéronautique formant corps. 2498

Circulaire relative aux régularisations des substitutions de denrées fourragères dans les revues de liquidation. 2454

Décret modifiant les positions 9, 10 et 18 du tableau I annexé au décret du 25 mai 1904, modifié par le décret du 9 décembre 1920, en ce qui concerne les droits à la solde des militaires en congé en attendant leur admission à pension (troupes coloniales). 2193

Décret modifiant les positions 9, 20 et 26 du tableau I annexé au décret du 10 janvier 1912, modifié par le décret du 9 décembre 1920, en ce qui concerne les droits à la solde des militaires en congé en attendant leur admission à pension (troupes métropolitaines). 2202

Décret fixant les règles d'allocation de l'indemnité pour changement d'uniforme (troupes métropolitaines). 2445

Décret modifiant le décret du 10 janvier 1912, modifié le 8 novembre 1920, sur la solde et les revues des troupes métropolitaines. 2434

Décret modifiant le décret du 19 août 1920 instituant une indemnité pour charges militaires en faveur des officiers et des militaires de carrière à solde mensuelle. 1711

Décret modifiant le tableau 6, annexé au décret du 10 janvier 1912, portant règlement sur la solde et les revues. 2419

Décret portant modification au décret du 26 mai 1904, modifié le 8 novembre 1920, sur la solde et les revues des troupes coloniales. 2441

Décret portant modification au décret du 10 janvier 1912 (indemnités de fonctions aux agents de l'artillerie, contrôleurs permanents de la fabrication dans les poudreries nationales. 2494

Décret portant modification au décret du 11 janvier 1913 (indemnités de fonctions aux agents de l'artillerie, contrôleurs permanents de la fabrication dans les poudreries nationales. 2495

Décret tendant à l'attribution de l'indemnité de cherté de vie de la garnison d'origine aux officiers et militaires à solde mensuelle déplacés de l'intérieur à l'occasion de l'occupation de la Ruhr. 2452

Erratum à la circulaire du 4 juin 1923 relative au paiement de la solde et des accessoires de solde des officiers détachés dans les écoles militaires pour y suivre des cours. 1694

Erratum à la circulaire du 4 juin 1923 relative au paiement de la solde et des accessoires de solde des officiers détachés dans les écoles militaires. 1694

Erratum au décret du 11 juin 1923 modifiant les tarifs de solde du régiment des sapeurs-pompiers de la ville de Paris. 1751

Rectificatif à l'annexe à l'instruction du 19 août 1920 portant classement des places pour l'allocation de l'indemnité pour charges militaires. 1744

Pages.

Rectificatif à l'instruction du 10 janvier 1912 pour l'application du décret de même date portant règlement sur le service de la solde et des revues. 2459

Rectificatif aux articles 42B et 42H de l'instruction du 10 janvier 1912 pour l'application du décret portant règlement sur le service de la solde. 2458

Rectificatif aux modèles du règlement du 10 janvier 1912 sur le service de la solde et des revues. 2460

Souscriptions.

Circulaires autorisant les militaires de l'armée active à participer à la souscription ouverte :

Par le « Comité constitué en vue de l'érection du monument de la Victoire et aux soldats de Verdun ». 2248

Par le Comité du monument en l'honneur des « Diables bleus » formé par le « Club alpin français », en vue de l'érection dudit monument au sommet du ballon de Guebwiller. 2301

Par le Comité constitué à Constantine, en vue de l'érection de tables commémoratives à la mémoire des morts de la Grande Guerre. 2464

Subsistances militaires.

Circulaire fixant les allocations d'eau pour le lavage des véhicules automobiles en service normal dans les corps de troupes. 1736

Circulaire portant instruction pour le renouvellement des marchés d'entreprise de fourniture des fourrages à la ration à l'intérieur du territoire. 2147

Circulaire relative aux achats d'avoine dans la métropole pendant la campagne 1923-1924. 1737

Circulaire relative aux cessions de denrées à titre remboursable par les établissements du service des subsistances militaires. 1693

Tarif complémentaire de remboursement des denrées et matières du service des subsistances militaires à appliquer pendant le 2e semestre 1923, comprenant les primes globales d'alimentation et les primes spéciales pour les vivres de débarquement et les vivres de chemin de fer. 1802

Tarif de remboursement des denrées et matières du service des subsistances militaires à appliquer pendant le 2e semestre 1923. 1807

T

Théories, règlements et placards.

(Voir : *Instruction.*)

Instruction provisoire sur les exercices et la manœuvre de la cavalerie (principes généraux des évolutions; école du groupe de combat; école de peloton) (mentionnée). 2179

Premier rectificatif à l'instruction provisoire du 15 avril 1923 sur l'organisation et le fonctionnement du service du matériel technique dans les formations de l'aviation militaire (mentionné). 2148

Pages.

Tenues.

Additif à la circulaire du 3 mai 1923 réglementant la tenue de l'aéronautique militaire (officiers et hommes de troupe)...... 1782

Circulaire réglementant la tenue de l'aéronautique militaire (officiers et hommes de troupe)................................... 1664

Circulaire réglementant la tenue des adjudants-chefs, adjudants et assimilés. 1843

Circulaire relative à la tenue des officiers d'administration et des adjudants d'administration (aéronautique)............... 1754

Instruction relative aux tenues des officiers et aux paquetages de leurs chevaux. 2042

Tour de service colonial.

Circulaire portant modifications au décret du 23 octobre 1919 au sujet de la durée du service colonial........................ 2432

U

Uniformes.

Rectificatif à la modification à la description des uniformes de la gendarmerie. 1749

CHARLES-LAVAUZELLE ET Cie. — PARIS, LIMOGES, NANCY.

www.ingramcontent.com/pod-product-compliance
Ingram Content Group UK Ltd.
Pitfield, Milton Keynes, MK11 3LW, UK
UKHW021034180726
13838UKWH00004B/1798